Ralph Ohnemus

Markenstaunen

Gewinnen im Informationstsunami

Ralph Ohnemus
Markenstaunen – Gewinnen im Informationstsunami

erschienen in der edition carthago

Textredaktion: carthago media projects, Altenkirchen
Umschlaggestaltung: Kerckhoff Studio, Nürnberg. Model: Mr. Alliance, Bigstock
Satz und Producing: Poljakowa Arts & Solutions, Hamburg
Druck und Verarbeitung: Drukarnia Dimograf, Bielsko-Biała, Polen
ISBN: 978-3-9815661-3-0

Werner Seelenbinder Straße 24a
18556 Altenkirchen

K&A BrandResearch AG
Am Gewerbepark 4
90552 Röthenbach bei Nürnberg

INHALT

Markenstaunen

1. MARKETING 2018

In einer Zeit des Hyperwettbewerbs und einer noch nie dagewesenen Informationsflut steht das Markenmanagement heute vor einer gewaltigen Aufgabe. Wie erreiche ich die Konsumenten überhaupt noch, wenn diese in einer Art Selbstschutz immer häufiger dazu neigen, Informationen einfach auszublenden? Und wie differenziere ich mein Angebot ausreichend, um in einem nahezu wahnwitzigen Konkurrenzumfeld zu bestehen? Damit ist nicht nur unser Leben als Verbraucher extrem komplex geworden, auch für die Marketer ist das alles nicht mehr überschaubar. Eine zentrale Ursache liegt in der ungeahnten Vielfalt der digitalen Vermarktungsmöglichkeiten. Die uns faszinieren – und manche von uns hektisch auf die neuesten Züge springen lassen. Bob Hoffman, der Gründer der erfolgreichsten Marketingsite „The Ad Contrarian“ formuliert im Juni 2017 pointiert: „Technology, Progress, And Irresponsible Stupidity“. Oder noch viel böser: „Delusional thinking isn‘t just acceptable in marketing today – it‘s mandatory.“ Harte Aussagen, aber er beweist sie mit sehr vielen Zitaten von führenden Managern, die mit ihren Marken vorschnell auf den digitalen Zug aufgesprungen sind und massiv Geld verbrannt haben. Ich erspare Ihnen die Beispiele. Lesen Sie lieber seinen Blog oder sein Buch: „Marketers Are From Mars, Consumers Are From New Jersey“.[1] Er hat so viele Prognosen gesammelt, die alle das „Alte Marketing“ als tot und das neue als das Eldorado bezeichnet haben. Zum Beispiel sollten Hybridfahrzeuge spätestens 2020 zwanzig Prozent am Bestand haben. Aktuelle Prognose: Weniger als zwei Prozent. Und dass TV-Werbung tot sein soll, galt schon für Mitte 2005. Warum nur schaffen es dann die Sender kontinuierlich ihre Werbeeinnahmen zu steigern? Es muss da draußen also durchaus noch Manager geben, die nicht alles auf eine Karte setzen.

---

1 Hoffman, Bob: Marketers Are From Mars, Consumers Are From New Jersey, CreateSpace Independent Publishing Platform, 2015

Mit diesem Buch werde ich die Komplexität der Markenarbeit nicht noch zusätzlich befeuern. Sondern ganz im Gegenteil einen Moment innehalten. Einen Blick auf die wild wachsenden Marketingmythen werfen und dagegen stellen, was empirisch bewiesen wirklich wirkt. Und ich werde einen zusätzlichen neuen Baustein anbieten, mit dem Marken eine bessere Chance haben, im Information Overload ihre Zielgruppe überhaupt noch zu erreichen. Ein Baustein, der Ihnen helfen wird, die Aufmerksamkeit Ihrer Zielgruppe zu erreichen. Es geht dabei um eine ganz spezielle Form von Aufmerksamkeit, die bisher im Marketing noch nicht erkannt wurde: Das Staunen.

Staunen wirkt besonders stark, wenn es einen speziellen Nutzengedanken, den der Selbstwirksamkeit, beinhaltet – als klare Markenleistung. Ich erhebe dabei nicht den Anspruch, dass „Staunen" eine Lösung für alle Marketingsituationen ist. Ich wage aber schon mal die These, dass es auf Dauer ohne Staunen nicht mehr gehen wird. Ich werde in diesem Buch aufzeigen, dass man mit diesem Werkzeug einen wirklich spannenden und ergiebigen neuen Ansatz für kreative Markenarbeit in der Kommunikation und fast nebenbei auch in der Produktinnovation bekommt.

Schon Hans Domizlaff hat 1939 gesagt, dass Marken nur im Kopf der Menschen existieren können. Das ist meines Wissens immer noch die von allen geteilte Grundlage. Damit Marken nicht nur in die Köpfe Einzug halten können, sondern auch dort weiterleben, müssen sie gegen die natürliche Vergessenskurve arbeiten. Diese Funktion der Kommunikation ist so wichtig, dass ich an dieser Stelle eine erste Klassifizierung von Medien aufstellen werde.

In der Branche tobt eine heftige Diskussion über die Unterschiede zwischen den klassischen Medien und den digitalen Medien. Ich würde die Medien aber lieber nicht so unterscheiden, sondern besser danach, welche Wirkmechanismen sie haben. Ich sehe zwei grundsätzlich verschiedene Wirkweisen.

1. PASSIVES LERNEN

Das ist so etwas wie Frontalunterricht, nur bei noch weniger Aufmerksamkeit als in der Schule. Es wirkt aber trotzdem. Denn das ist das Prinzip der Werbewirkung seit Beginn der Werbung. Wir lernen, indem wir wahrnehmen, auch unbewusst. Dieser Weg wird immer funktionieren, unser Hirn ist so aufgebaut. Passives Lernen gibt es nicht nur in der analogen Werbung. Hier kommen auch die Anteile der digitalen Kanäle dazu, die letztlich auch nur passive Botschaften transportieren. Man denke nur an die Masse der von Facebook ausgespielten Werbemaßnahmen.

2. AKTIVES LERNEN

Auch das gibt es schon immer. Wir fragen jemanden, der sich auskennt, den Nachbarn oder Google, lesen Testberichte. Schreiben den Hersteller an (extrem selten) und neuerdings liken wir Marken (in den Dialog treten aber wiederum nur sehr wenige) und wir suchen ab und an mal nach Content. Vielleicht beim Autokauf. Oder bei einem echten Hobby. Oder bei einer Krankheit. Der Anteil, den echte Informationssuche an Kaufentscheidungen ausmacht, dürfte maximal im Promillebereich liegen, eher noch darunter.

Viele Verfechter der digitalen Zukunft argumentieren immer noch mit der Zunahme des aktiven Lernens. Aber die Prognosen zur explosionsartig wachsenden Bedeutung von aktivem Lernen erscheinen heute nur noch brüllend komisch. Ja, die Technik war früh da, aber man hat das menschliche Verhalten völlig falsch eingeschätzt. Viele digitale Geschäftsmodelle, die eigentlich ihr Geld mit aktivem Lernen, darunter auch Dialog, verdienen wollten, holen sich ihr Geld jetzt beim passiven Lernen, siehe Facebook.

Beide Kanäle sind wichtig. Aber einer ist sehr viel wichtiger – das passive Lernen. Noch ein weiteres Zitat von Bob Hoffman: „Die Idee, dass die gleiche Konsumentin, die hektisch die

Fernbedienung gedrückt hat, um dem Werbeblock zu entkommen, jetzt ganz glückselig die Maustaste drückt, um mit der Werbung zu interagieren, wird als die größte Marketing Wahnvorstellung aller Zeiten gelten."[2] Und die digitale Werbung hat ihre Probleme, nicht nur in dem massenhaften Betrug der Vermarkterkaskadenmafia, sondern auch im Überstrapazieren der Zielgruppe. So klagt Thomas Koch („Mr. Media"): „Dreiviertel der jungen Nutzer fühlen sich dort dermaßen von Werbung genervt, dass die Hälfte sagen, sie schränken ihre Facebook-Nutzung bereits ein: Wegen der Werbung. Bravo!"[3]

Verbraucher wehren sich mit Adblockern und gefährden damit die Geschäftsmodelle etablierter Medien in digitalen Kanälen.

Aber die Faszination des Neuen ist natürlich immer präsent und wenn man die Kommentarüberschriften der Fachzeitschrift Horizont liest, dann sieht man viel spannenden Hype und wenig nüchterne Abwägung. Wozu ich mit diesem Buch meinen Beitrag leisten möchte. Okay, Horizont braucht die neuen Themen dringend. Man kann nur hoffen, dass die Leser das vor allem als Infohäppchen sehen und nicht als das wahre Markenleben. Hier Beispiele aus 2017 zur Unterhaltung (ich habe keine bewusste Zensur betrieben):

- Was Unternehmen und Dienstleister anpacken müssen (Digitale Transformation)
- Vincent Kittmann über das Marketing-Potenzial von Podcasts
- Meetrics & SpotX wollen Qualität von Video-Ads steigern
- Das große Special zum Thema Programmatic Advertising
- Markenführung im 21. Jahrhundert

---

2 http://adcontrarian.blogspot.de/

3 http://www.wuv.de/blogs/mrmedia/friss_oder_stirb_marke

- Privatradios sägen an ihrer Daseinsberechtigung
- Influencer Marketing wird erwachsen
- Warum die Online Marketing Rockstars auf Podcasts abfahren
- Serviceplan-Kreativchef Schill rechnet mit Digitalagenturen ab und verrät Details zur USA-Expansion
- Sieben Dinge, die Sie heute Morgen wissen sollten
- Wer kann es besser: Werbe- oder Mediaagenturen? (Digital)
- Jeder vierte Deutsche nutzt 2018 einen Adblocker
- 84 Prozent der Deutschen misstrauen Twitter, Facebook und Blogs
- Zürich lanciert schweizweite „Augmented Reality"-Jagd
- Food-Porn funktioniert in Deutschland nicht so gut wie gesunde Küche
- Feedback zu jeder Zeit, an jedem Ort
- Studie: Wünschen sich Konsumenten personalisierte Angebote am PoS? (nur ein Drittel)
- 4 Insights, die Sie über Influencer Marketing wissen müssen
- Die Ansprüche an Kreativität sind viel zu hoch (Content)
- Was der Hype um Bots bedeutet
- Einfluss von Social Media auf das Kaufverhalten steigt
- Das Märchen von der digitalen Werbekrise (Display-Ads)
- Fünf Irrtümer in der aktuellen Debatte über die Trend-Disziplin (Content)
- Vier besonders blöde Fehlurteile über Content Marketing
- Wo deutsche Kreative jetzt umdenken müssen (Cannes Debakel)

- Diese Instagramer haben im Mai für Aufsehen gesorgt
- Was Marken von der E3 in Los Angeles lernen können (Games Messe)
- Der Kampf um die Vorherrschaft bei Augmented Reality (Facebook versus Snapchat)
- Retargeting braucht ein Upgrade
- Warum individualisierte Werbung zur Selbst-Entmündigung der Konsumenten führt
- Warum Unternehmen unbedingt mit Künstlicher Intelligenz experimentieren sollten (Big Data)
- Menschen werden mit Digitalwerbung zugemüllt
- Drei Schritte zum erfolgreichen Marketing-Mix (Effizienz und Effektivität)
- Warum ein wirksames VR-Erlebnis Storytelling braucht
- Sieben Grundsätze für erfolgreiches Guerilla-Marketing
- Warum Snapchat für Marken sexy bleibt
- Die Krise als Chance für Marken auf echte Relevanz
- 5 Learnings aus dem Debakel mit QR-Codes, Beacons & Co
- Das Vertrauen in die Radio- und TV-Forschung steht auf dem Spiel
- Warum Marketer Chatbots ernst nehmen müssen
- Warum Marken Influencer Relations brauchen
- 3 Thesen zur Messenger-App-Economy

Wenn man das so liest, muss eigentlich jetzt alles irgendwie neu sein. Viel mehr aktives Lernen als passives Lernen. Wer da noch ruhig auf seinem Sitz bleiben kann, gehört doch sicherlich in den

Öffentlichen Dienst und nicht ins Marketing, oder? Gehen wir die Sache etwas realistischer an und begleiten unsere Karina, die uns schon in meinem letzten Buch zum Markenerleben geholfen hat, an einem ganz normalen Tag.

2. EIN GANZ NORMALER TAG IM INFORMATION OVERLOAD

Der Wecker klingelt unerbittlich. Karina greift zu ihrem iPhone und drückt auf schlummern. Allmählich sortiert sie ihre Gedanken und sie denkt an Facebook. Nur ein schneller Blick? Das müsste doch gerade noch gehen. Sie stellt den Flugmodus aus und lädt die neuesten Facebook-Nachrichten herunter. Sie scrollt schnell, entschlossen, sucht ausschließlich nach Nachrichten von ihren Freundinnen. Sie ärgert sich ein wenig über Tina, die wieder etwas Politisches geteilt hat, ohne einen Hinweis zu geben, warum man das lesen sollte. Karina scrollt weiter. Sie beachtet die von Facebook eingespielten Anzeigen von Reißverschlussreparatursets und Silikontopfdeckeln nicht. Reißverschlussreparatursets? Wieso wird ihr das gezeigt? Martin bekommt ein schnelles like für eine komische Trump-Karikatur. Dann meldet sich der Wecker wieder. Karina reißt sich aus den Facebook Fängen und wechselt mit dem iPhone ins Badezimmer. Sie hat es sich zur Gewohnheit gemacht, die von Freunden geteilten Filmchen während des Zähneputzens anzuschauen. Als Max, ihr neuer Freund, sie damit einmal aufzog, hat sie das halb belustigt verteidigt. Schließlich putze sie sich so die Zähne eindeutig länger und gründlicher als zuvor.

Karina betritt die Küche. „Alexa! Wie wird das Wetter heute?" Während der Amazon Echo Dot-Lautsprecher die gewünschten Informationen liefert, startet sie die Nespresso Maschine und deckt den Frühstückstisch. „Alexa! Spiel Radio Paradise!" Alexa versteht. Karina mag den Musikstil des Senders. Und dass der werbefrei ist. Die ab und an eingestreuten Wünsche nach Unterstützung des Senders durch die Hörer hat sie bisher schlicht ignoriert. Und während der erste Kaffee durch die Maschine läuft und der Toaster Röstaromen erzeugt, geht sie schnell zum

Briefkasten und fischt nach der Zeitung. Die ist heute mal wieder richtig dick. Aufgebläht durch viele Beilagen. Mediamarkt und Elektronik Partner werben begeistert für Fernseher mit riesigen Preisnachlässen. Segmüller gibt bei Möbeln nur jetzt die Mehrwertsteuer zurück, dann die Flasche Mumm Sekt für 3,49 Euro in haushaltsüblichen Mengen. Und dazwischen noch die rtv Beilage mit Diane Staehly auf dem Cover, der Heldin der neuen Serie Triple Ex auf RTL. Karina hat bisher weder von der Serie noch von der Schauspielerin gehört, oder? Sie ist sich nicht sicher, vermutlich hat sie einfach nicht aufgepasst. Und ihr fällt ein, dass auf ihrem Entertain System noch einige Folgen von Breaking Bad warten. Vielleicht sollte sie sich mit ihrer Nachbarin mal wieder für eine Binge Session verabreden? Sie nippt an ihrem Kaffee. Da meldet sich ihr Bewusstsein kurz. Martina hatte ihr begeistert berichtet, dass sie jetzt den Kaffee wieder ganz klassisch filtern würde. Das wäre so cool und viel verträglicher. Und kein Kapselmüll. Sie nimmt sich vor, das beim nächsten Einkauf im großen Edeka um die Ecke anzugehen. Und vergisst es gleich wieder. Sie lehnt sich zurück, greift nach dem Marmeladenbrot und beginnt in der Zeitung zu lesen, als das Handy vernehmlich brummt.

WhatsApp. Sie versucht sich auf die Zeitung zu konzentrieren, aber das Signal hat ihre Aufmerksamkeit gefangen, die Zeitung landet auf dem Tisch. Ihre Finger fliegen über den Schirm, schnell sind ein paar fröhliche Nachrichten ausgetauscht. Der nächste Blick auf die Uhr entlockt ihr einen kleinen Fluch. Auf, auf. Schnell räumt sie ihren Teller ab und lässt den Rest für Max und Tochter Tanja stehen, die beide dienstags später starten können. Sie überlegt, ob sie die Zeitung mitnehmen soll, um sie in der S-Bahn zu lesen. Aber dann kann sie ja nicht noch mal schnell Facebook checken und vielleicht die aktuellsten Nachrichten auf Focus Online lesen. Die lokalen Nachrichten der Zeitung kann sie ja auch heute Abend noch lesen, der Rest ist doch ohnehin schon veraltet.

Obwohl der Tag noch jung ist, hat Karina bereits eine unglaubliche Informationsmenge aufgenommen, und noch mehr Informationen ausgeblendet. Die schiere Anzahl an möglichen Werbekontakten ist unvergleichbar zu ihrer Jugendzeit. Da wäre vielleicht etwas im Radio gekommen und ein paar Anzeigen in der Zeitung. Und Werbebeilagen gab es auch eher selten. Und wie gesagt, der Tag ist ja noch jung.

Karina schnappt sich ihre Handtasche und läuft die zehn Minuten zum Bahnhof, mit den Kopfhörern im Ohr und einem Podcast vom Geo Magazin über die spektakuläre Hochebene der Abruzzen. Sie schenkt ihrer Umgebung wenig Beachtung. Denkt aber plötzlich daran, dass sie mal wieder Lust auf Sekt hätte. Das ungewöhnliche Plakat von Rotkäppchen hat wohl unterbewusst einen Impuls gesetzt. Genau wie die Straßenbahn, die gerade an ihr vorbeifährt und mit dem rundum Urwaldprint für den Zoobesuch wirbt.

Die elektronische Anzeige im Bahnhof verspricht eine pünktliche Abfahrt der S-Bahn. Erleichtert lässt sie ihren Blick kurz über die eiligen Mitmenschen streifen – und bleibt an dem übergroßen Banner von Ritter Sport hängen, das einen regenbogenbunten Tafelstapel zeigt. Den kleinen Hungerimpuls schüttelt Karina ab und geht zum Gleis. Sie wartet und sucht auf ihrem Handy nach dem Videoblog von Reiseblogger Marko Roth. Das kann sie sich jetzt auf der Fahrt zu Ende anschauen. In der S-Bahn schaut sie nur kurz hoch, als der Nachbar mit seiner Bildzeitung raschelt. Erdogan hat wohl gerade mal wieder ganz Europa mit der Nazikeule überzogen. Nichts neues also und sie bleibt noch kurz an der ganzseitigen Anzeige von Aldi hängen. Ostern kommt. Sagt Aldi Süd. Sehr schön.

Die Stimme von Roth in ihrem Ohr holt sie wieder zurück zum Bildschirm. Die richtige Station wird erreicht, ihr Unterbewusstsein hat sie ganz elegant darauf aufmerksam gemacht. Der S-Bahnhof im Ostteil der Stadt ist absolut schmucklos. Eigentlich nur eine Gleisanlage mit Bahnsteigen. Windig, zugig, ungemütlich. Vor dem Bahnhof aber die Nahversorger: eine Bäckereikette, ein Zeitungskiosk mit Hermes Paketshop, ein kleiner Obst- und Gemüseladen und ein Geschäft mit Geschenkartikeln. Alle haben Aufsteller vor ihre Läden gestellt, um zusätzliche Aufmerksamkeit zu erhaschen. Die fallen Karina aber nicht mehr auf. Es ist alles vertraut, tägliche Routine.

Sie betritt die Bäckerei, kauft ihr gewohntes Tomate-Mozzarella-Sandwich und nimmt sich noch spontan ein gefärbtes Ei mit. Ein praktisches Mittagessen, bei dem sie schnell Instagram und Facebook checken wird und vielleicht die ausstehende Überweisung für die Zahnreinigung tätigen kann. Ihr Arbeitstag dauert nur fünf Stunden und so blinzelt sie bereits am frühen Nachmittag wieder in die Frühlingssonne. Sie überlegt kurz, ob sie in der Nähe zum Discounter geht und die Sachen nach Hause schleppt, oder besser Oscar, ihren weißen Opel, von zu Hause holt, um im großen Edeka bequemer einkaufen zu können.

Der Gedanke an die große Auswahl liefert einen kleinen Stressimpuls, sie geht nun doch energischen Schrittes Richtung Lidl. Sie fühlt sich erleichtert und weiß gar nicht warum. Mental schreibt sie sich einen Einkaufszettel. Äpfel, Paprika, Nudeln, Sahne, Aufschnitt. Das kann sie locker tragen. Nachdem sie Gemüse eingepackt hat, bleibt sie kurz an den Aktionstischen stehen, prüft ein paar Gartenartikel und entscheidet sich für neue Gartenhandschuhe. Dann geht es weiter zum Kühlregal. Ihr Blick bleibt aber schon wieder hängen. Eine Sonderplatzierung Fruchtsecco von Rotkäppchen. Herrlich rot leuchtet die Himbeer-Variante. Kennt sie noch nicht. Fühlt sich aber gut an und sie legt die Flasche zu ihrer bisherigen Beute dazu. Warum soll man eigentlich nur mit Gewichten im Fitnessstudio trainieren?

An der Kasse stellt sie fest, dass zwei Einkaufstüten fällig sind. Aber das ist immer noch sehr viel weniger, als wenn sie zu Edeka gefahren wäre. In der S-Bahn checkt sie diesmal lieber Facebook, weil sie mittags einfach nicht alles geschafft hat. Während sie in ihre Ritter Sport Alpenmilch beißt, streicht sie in automatischen Bewegungen über den Bildschirm. Sie verteilt fleißig ihre Likes, gerade unter guten Kommentaren, allerdings kommentiert sie selber nichts. Schreibt aber noch schnelle Geburtstagswünsche an einen Freund.

Karina fällt nicht auf, dass sie sich ziemlich effiziente Routinen angeeignet hat. Geschickt weicht sie den Werbekontaktversuchen der sozialen Medien aus. Sie hat gelernt, dass es besser ist, nichts in der Hinsicht anzuklicken. Es tauchen immer noch Angebote zu Ohrhörern auf, die sie vor Monaten mal interessierten – und die sie ja schon lange gekauft hat. Wenn einem interessanten Artikel mal eine Werbeanzeige vorgeschaltet wird, hat sie den Kill-Button schon gedrückt, bevor die Anzeige überhaupt geladen ist. Sie nutzt dabei die extreme Fokussierung des Schärfebereichs beim Sehen. Selbst auf einem Smartphone sieht man nur einen Quadratzentimeter scharf, der Rest ist verschwommen. Sie zögert inzwischen weitere Marken zu liken, denn dadurch werden Nachrichten von echten Freunden verdrängt. Überhaupt gefällt es ihr, wenn man den Inhalt einer Nachricht schon anhand der Titelzeile oder des Kommentars erfassen kann und sie reagiert unwirsch auf unklare Titelzeilen bei geteilten Nachrichten von Freunden.

Karina verlässt die S-Bahn mit einem Gefühl von leichter Nervosität, an Stelle der Vorfreude auf Zuhause. Es fällt ihr in letzter Zeit häufiger auf, dass die Nutzung des Smartphones keine richtige Entspannung mehr bringt. Trotzdem findet sie selten die Kraft ihrer Neugier zu widerstehen. Immerhin lässt sie diesmal die Ohrhörer in der Tasche und versucht den Weg nach Hause entspannt zu erleben und das Gewicht der Einkaufstüten bewusst zu spüren. Sie wird ruhiger und freut sich auf den Kaffee zu Hause. Die Kapselmaschine ist schnell startklar. Die Einkäufe verstaut. Der Zucker landet im Espresso. Und ein weiteres Stück Schokolade in ihrem Mund.

Sie schaut kurz auf die Zeitung, deren Teile unordentlich auf dem Tisch liegen. Eigentlich wollte sie ja noch den Regionalteil lesen, aber dazu hat sie jetzt keine Lust mehr. Morgen kommt ja wieder eine. Sie stopft die Zeitung in den Altpapierbehälter. Auch die beigelegten Werbungen. Kurz wundert sie sich, dass sie tatsächlich immer mehr Werbebroschüren bekommt. Alles wird digital? Leider nicht, da könnte sie sich doch viel effektiver davor schützen. Sie hat sich trotzdem gegen einen „keine Werbung"-Aufkleber am Briefkasten entschieden. Schließlich findet sie die Angebote der regionalen Händler durchaus spannend, wenn sie in der Stimmung dafür ist. Und vor allem möchte sie keinesfalls verpassen, wenn es die gute Kerrygold im Angebot gibt.

Ganz plötzlich fällt Karina ein, dass sie sich ja mit ein paar neuen Sportschuhen belohnen wollte. Immerhin geht sie inzwischen dreimal in der Woche ins Studio. Sie möchte die gleichen Nikes wieder. Nur weiß sie leider das Modell nicht mehr, aber da hilft Google. Sie gibt ein paar Worte ein und Google liefert sofort. Sie will auf Bilder klicken, da sieht sie eine auffällige Anzeige, die auf eine besondere Aktion von Nike hinweist. Neugierig klickt sie. Und landet auf einer Customization-Seite von Nike. Sie kann sich ganz individuell ihren Schuh gestalten. Witzige Idee denkt sie und klickt gleich mal los.

Entwickelt, verwirft, entwickelt, verwirft, entwickelt und stöhnt irgendwann leise vor sich hin. Sie fühlt sich überfordert. Und der hohe Preis für ein Custom-Paar verschärft ihr Unbehagen. Es läuft ein innerer Kampf von „sei doch mal mutig" gegen „werde ich das auch wirklich tragen". Im Zweifel gewinnt der Zweifel. Sie gibt auf und hat jetzt auch keine Lust mehr auf die ursprüngliche Suche. Und wird das nächste Customization-Angebot wahrscheinlich ignorieren. Lieber schaut sie zur Beruhigung bei Instagram vorbei. Schöne Fotos als Streicheleinheiten für das nervöse Ich. Ihr fällt die Stille auf und sie sagt „Alexa! Spiel Radio Paradise". Ruhige Musik hebt Karinas Stimmung eine Stufe an.

Da hört sie die Eingangstür. Max taucht auf, mit einem großen Stapel Aufsätzen unter dem Arm. Ein schneller Kuss und eine Umarmung und schon verschwindet der Lehrer in sein Arbeitszimmer. Die Schülerarbeiten müssen korrigiert werden und er erledigt solche Dinge lieber gleich. Karina spürt eine leichte Irritation, wischt die aber gleich wieder beiseite. Und verwendet die Energie für die heutigen Haushaltsjobs. Erst in den Waschkeller und schnell eine Maschine Wäsche gestartet. Mit einem Universalwaschmittel. Das ist einfach effizienter, als bei jeder Ladung neu zu überlegen, ob es etwas Spezielles gibt. Inzwischen kauft sie nur ein Waschmittel und einfach in dem Laden, in dem sie gerade unterwegs ist. Karina nutzt gern Sonderangebote. Es gibt ja so viele Dinge, wofür man das knappe Geld ausgeben kann.

Weiter geht es ins Badezimmer. Auch hier tut es inzwischen ein Universalreiniger. Max besteht da allerdings auf etwas ökologischem. Kein Problem, der Frosch kann das. Kostet nicht mehr und sie braucht sich auch nicht mit den übertriebenen Versprechen vieler Öko-Reiniger zu beschäftigen. Für die Spiegel und die Fenster nimmt sie allerdings lieber Ajax. Streifenfreiheit gelingt ihr so leichter.

Sie räumt schnell die ganzen Dinge von der Spiegelkonsole und wundert sich ein wenig, wie viele Tiegel ihre Tochter Tanja täglich braucht. Und dabei hat sie die ganzen Nagellacke und Lippenstifte auch noch in ihrem Zimmer. Früher hat Karina die Werbung von Kosmetikprodukten noch interessiert verfolgt. Jetzt ist sie in einem Alter, wo anscheinend jeder Quadratzentimeter im Gesicht sein eigenes Pflegeprodukt verdient. Und deshalb ist sie auch aus diesem Zirkus ausgestiegen. Eine gute Tagescreme und eine gute Nachtcreme aus der Apotheke reichen ihr völlig. Sie vertraut auf den Testbericht der Stiftung Warentest. Dazu eine gute Bodylotion, meistens die von Dove, weil Tanja die mitbenutzt. Aber sie wechselt auch mal ab. Damit sich die Haut nicht an ein Produkt gewöhnt. Das ist zumindest ein Mantra ihrer

Freundinnen. Ob das tatsächlich stimmt, weiß Karina nicht. Sie würde nicht auf die Idee kommen, dafür „Content" von Marken oder Bloggern zu lesen. Bei Tanja ist das noch anders. Da soll es eine Bloggerin „Bibi" geben?

Max schlurft auf dem Flur vorbei in Richtung Toilette. Karina muss spontan grinsen. Nachher wird er sich wieder beschweren. Sie hatte letzte Woche Öko-Toilettenpapier gekauft. Ohne Bleiche und so. Laut Max ein hervorragendes Schmirgelpapier. Ökobewusstsein hat eben auch seine Grenzen.

Karina geht in die Küche, um die Brotzeit vorzubereiten. Normalerweise machen sie das gemeinsam und genießen ein Glas Wein dabei. Heute scheint Max in den Korrekturen versunken zu sein.

Karina deckt den Tisch. Bauernbrot, Knäckebrot, Butter, Käse geschnitten und am Stück, Wurst geschnitten und ein Leberwursttiegel, Gurken im Glas und eine Tube Senf. Als sie die kunterbunte Vielfalt auf dem Tisch bemerkt, muss sie schmunzeln. Ihre Mutter hätte das alles aus der Verpackung genommen und auf speziellen Tellern angerichtet. Karina ist das zu umständlich, die Originalverpackungen landen auf dem Tisch. Spart sogar den Abwasch. Und so bunt ist das doch auch nicht schlecht. Nur wenn sie Besuch haben, kommt die alte Schule durch und sie entfernt die Markengehäuse. Das sieht dann gleich aus, als ob die Sachen von der Frische-Theke wären. Sie könnte jederzeit ziemlich gut Auskunft geben, was für Käse- und Wurstsorten auf dem Tisch stehen. Aber welche Marken? War da nicht auch etwas von gut & günstig dabei? Und etwas von Lidl? Aber die Salami ist Bio! Sie mag diese superroten Salamis nämlich nicht. Aber die Marke? Die Butter ist Kerrygold, ganz klar. Max hat mal gelesen, dass deren Kühe fast das ganze Jahr auf der Weide stehen dürfen. Sie ruft ihn.

Beide schmieren sich Brote, tauschen ein paar Belanglosigkeiten aus. Und greifen reflexhaft zu den Smartphones. Man spricht schließlich nicht mit vollem Mund. Max geht auf SPON und checkt die Nachrichtenlage. Liest quer, ignoriert alle Filme, auch wenn ihn die Themen interessieren, aber er hat einfach keine Geduld für die zwanzig Sekunden Pre-Roll-Werbung davor. Er klickt lieber einen Bericht über den angeblich abnehmenden Sex amerikanischer Jugendlicher an. Trotz Tinder. Interessant.

Karina ist erst auf Facebook gewesen, da war aber nicht viel neues. Außer von Focus Online, die scheinbar im Minutentakt posten. Die angebotenen „Innovationen" überspringt sie, sobald sie auch nur das Muster erkannt hat. Einen Film über Trump schaut sie kurz an, sie findet seinen total genervten Gesichtsausdruck spannend und liest die Einblendungen, anstatt den Ton einzuschalten. Sie verliert schnell die Lust und wechselt zu Instagram. Die vielen schönen Bilder beruhigen und regen gleichzeitig an. Interessanter Effekt. Und weniger Werbung, noch ein Rückzugsort. Allerdings empfindet sie auch einen viel stärkeren Wettbewerb der Postenden als auf Facebook. Viel mehr Show. Schön, aber auch irgendwie kalt.

Karina fällt ein Artikel ein, den sie letztens geteilt hat. In Japan soll es inzwischen Coaches für junge Erwachsene geben, die ihnen beibringen, wie man sich im normalen Leben und nicht auf Plattformen kennenlernt! Ob Tanja das auch irgendwann brauchen könnte? Max lacht über die Idee, verstummt dann aber, weil er an seine Schüler denkt.

Als ob jemand einen unhörbaren Startschuss gegeben hätte, stehen beide auf und räumen die Sachen ab. Die letzte Scheibe Salami schmeckt auch ohne Brot. Die Spülmaschine startet, nachdem ein Reinigungstab in den Korb geworfen wurde. Fast lieblos. Auf jeden Fall unbewusst. Marke? Geht's noch?

Eigentlich will Max noch mal an seinen Schreibtisch, aber Karina hat auf ihrer TV Spielfilm App von einem Südafrikafilm gelesen. Den könnte man zwar auch aufnehmen, aber direkt schauen fühlt sich fast wie live dabei an. Und der Film läuft im Ersten. Keine Werbung. Nice!

Der Film über die Naturwunder Südafrikas berührt beide. Bewusst träumen sie ein wenig von einem spannenden Urlaub. Unbewusst entlädt sich die Energie, nachdem sie das Licht im Schlafzimmer gedimmt haben. Sonst wäre ein letzter Check der Emails und WhatsApp Nachrichten als Entspannung wahrscheinlich gewesen.

Den ganzen lieben langen Tag hat Karina nicht wirklich nach „Content" gesucht, bis auf die Nikes, aber das war ja nur Zufall. Und trotzdem hat sie eine ganze Menge Werbeimpulse abbekommen. Was diese in der Nacht mit ihren Träumen machen – darüber wollen wir nicht spekulieren. Sicher ist nur der nächste Morgen.

Der Wecker klingelt unerbittlich...

Karina und Max haben sich mit dem Information Overload arrangiert. Die Wahrnehmungsfilter sind gut trainiert und funktionieren automatisch. Viele Dinge im Einkauf und im Haushalt wurden noch stärker habitualisiert. Fachgeschäfte wie Metzgereien und Bäckereien leiden, weil das one stop shopping deutliche Effizienzvorteile bietet. Und die effiziente Lage der Einkaufsstätte ist heute bedeutsamer denn je, sie erklärt über sechzig Prozent der Einkaufsstättenwahl. Wie wir auch bei Karina gerade gesehen haben. Und Havas meldet in 2017, dass es Verbrauchern egal wäre, wenn drei Viertel aller Marken verschwinden würde.[4] Karina würde dem nicht widersprechen. Händlermarken beschleunigen den Auswahlprozess beim Einkauf. Das rasante Tempo der Welt führt dazu, dass Karina und Max fast ständig mit irgendetwas im Verzug sind. Noch kommen sie damit ganz gut zurecht. Aber die Tageszeitung wird vermutlich bald abgeschafft, wenn diese ihre lokale Kompetenz nicht besser vermarktet. Bücher werden seltener gelesen. Zeitschriften mehr überflogen als gelesen. Markencontent wird praktisch nie aktiv gesucht. Deshalb

4 http://www.horizont.net/marketing/nachrichten/Alarmierende-Studie-74-Prozent-aller-Marken-weltweit-sind-ueberfluessig

hat ein Twitter Feed heute eine Halbwertszeit von nur noch vierundzwanzig Minuten. Auch Facebook kommt nur noch auf neunzig Minuten. Karina hat unbewusst ihre Aufmerksamkeitsspanne deutlich reduziert. Die GfK meldet, dass die durchschnittliche Beschäftigung mit einem Facebook Post von 12 Sekunden auf 8 Sekunden gesunken ist.

Karina und Max sind auch immer weniger bereit, Werbung zuzulassen. Adblocker sind installiert. Werbevideos werden so schnell wie möglich übersprungen, oder es wird gleich auf das Hauptvideo verzichtet. Das verbindet sie mit etwa siebzig Prozent aller Nutzer. Laut GfK haben inzwischen zwanzig Prozent der Menschen Freizeitstress durch das riesige Angebot von Alternativen.

Von seinen Schülern hat Max gelernt, dass über die Hälfte aller Klicks auf Werbung inzwischen von Bots gemacht werden, für die die Marken trotzdem bezahlen. Geschieht ihnen recht! Trotzdem dringen Marken immer mal wieder durch. Lassen Max und Karina wieder staunen. Wie das geht, davon handeln die nächsten Kapitel.

3. WIE MARKEN WIRKLICH WIRKEN

Karina könnte uns viel darüber erzählen, wie ihr Marken gefallen. Und welche Werbung sie unmöglich findet. Seitenbacher Müsli zum Beispiel. Und sie ist natürlich felsenfest davon überzeugt, dass man sie über Werbung kaum mehr beeinflussen kann. Wenn sie sich für eine Marke entscheidet, dann nach ihrem Gefühl sehr bewusst und meist vernünftig. Und häufig entscheidet sie sich für Handelsmarken, natürlich weil sie verstanden hat, dass diese genauso gut sind, wie die „richtigen" Marken.

Tatsächlich haben wir Menschen einen extrem schlechten Zugang zu den Beweggründen für unser Verhalten. Warum haben wir Persil gekauft? Wir beantworten diese Frage jedem Marktforscher natürlich gerne und fühlen uns dabei sicher, die Wahrheit zu sagen. Schließlich ist ja unsere Wäsche gepflegt und besonders sauber. Bei sensiblen Themen, wie etwa Ehehygieneartikel, Suchtmitteln oder sozial bedenklichem Verhalten, ist das etwas anders. Da fällt es uns eher auf, wenn wir etwas nicht preisgeben. Und liegen trotzdem nicht richtig. Unser Gehirn bietet uns keine Möglichkeit, die neuronale Entstehung unserer Handlungen zu beobachten oder gar zu hinterfragen.

Die Handlungsimpulse sind eine Einbahnstraße aus den Tiefen unseres Gehirns. Wir sehen zwar die Autos auf dieser Straße. Aber woher kommen sie? Warum genau sind diese da und keine anderen? Wir spekulieren. Wir sind überzeugt, dass wir uns auf jeden Fall vernünftig verhalten haben. Aber wir wissen nicht, ob wir einfach einer gelernten Routine oder einem automatischen Programm gefolgt sind. Oder gerade ein Energieungleichgewicht im Körper eine Emotion ausgelöst hat, die wiederum unsere Entscheidung beeinflusst hat?

Emotionen entstehen übrigens sehr oft aus einem momentanen Ungleichgewicht in körperlichen Funktionen, wie die neuere Emotionsforschung zeigt.[5]

Trotzdem erleben wir uns als denkende Wesen, die immer Ursache-Wirkungs-Zusammenhänge suchen, um uns und unsere Umwelt verstehen zu können. Deshalb haben Menschen eine selbstwertdienliche Alternative entwickelt. Wir erfinden (unbewusst) eine logisch plausibel erscheinende Begründung und achten darauf, dass diese sozial akzeptabel ist. Wir sind ja keine Unmenschen. Selbstzweifel treten nicht auf, wir sind zufrieden, wenn uns die Erklärung in einem positiven Licht zeigt. Wir echauffieren uns über Lohndumping in Entwicklungsländern, aber auch bei uns, siehe Mindestlohn. Und kaufen begeistert Textilien bei KiK, Aldi oder H&M und merken gar nicht, dass da etwas nicht konsistent ist. Werden wir darauf aufmerksam gemacht, finden wir einen Weg der Rechtfertigung. „Ist doch die Verantwortung der Unternehmen und der Politik. Hab doch keine Zeit mich darum auch noch zu kümmern." Unser Selbstbild als vernünftige, sozial abwägende Mitmenschen bleibt heil.

Marketing weiß eigentlich, dass Menschen nicht sonderlich abwägend entscheiden. Trotzdem wird in vielen Markenpositionierungsdiskussionen immer wieder der vorteilssuchende Kunde (Homo oeconomicus) unterstellt, der einen Mehrwert unserer Marke erkennen und danach handeln soll. Karina ist überdurchschnittlich intelligent. Aber sie hätte keine Chance auch nur ihre alltäglichen Aufgaben zu bewältigen, wenn sie bei jeder Handlung die Alternativen abwägen wollte. Selbst der routinierteste Lebensmitteleinkauf würde Stunden dauern, sollte man vorher Informationen einholen wollen. Ist Rama frei von bestimmten Fetten, die gerade kritisch diskutiert werden? Steckt in der

5 Feldman-Barrett, Lisa: How Emotions Are Made, The Secret Life of the Brain, Macmillan, 2017

Signal-Zahncreme auch Triclosan? Und gibt es bei Kaffee einen aktuellen Bericht der Stiftung Warentest? Und dann vor Ort: Was ist im Produkt enthalten? Ist das eigentlich gesund? Und sind die anderen Marken besser oder schlechter in der Zusammensetzung? Wie ist eigentlich der ideale Mineraliengehalt für meinen Lebensstil? Und wie viel Nanogramm Pestizidrückstände sind noch erträglich? Kein Mensch hat das notwendige Wissen parat und keine Zeit es zu googeln.

Wie toll, dass wir einen Autopiloten haben. Der uns nicht nur hilft, in komplexen Situationen sicher Auto zu fahren. Der Einkauf wird routiniert erledigt, das ist eine Frage von Minuten, nicht von Stunden. Auch wenn wir dabei auf das tolle Waldfruchtjoghurt reinfallen, das trotz der leckeren Fruchtabbildung leider keine echten Früchte enthält.

Wie dem auch sei, wir wissen immer noch nicht, was diesen Autopiloten programmiert hat! Eine Möglichkeit: Aktuelle Marketingmodelle gehen davon aus, dass sich der Mensch über die richtige Vorteilskommunikation erreichen lässt. Denn dann probiert er das Produkt und programmiert in der Folge seinen Autopiloten um. Da die Leistungen von Produkten aber immer ähnlicher werden, versucht man Marken stattdessen zu „emotionalisieren“. Das klingt so toll, dass man dagegen doch wirklich nichts haben kann. Wobei unter Emotionalisierung scheinbar jeder etwas anderes versteht. Besonders unterhaltsame Werbung, besonders moderne Werbung, besonders glückliche Gesichter, besonders gutes Storytelling.

Zumindest ein Konsens liegt in der Hoffnung, dass wenn die Markenverwendung in einem positiven emotionalen Kontext gezeigt wird, sich diese Emotion, vielleicht über die Spiegelneuronen, auf den Betrachter überträgt. Der merkt sich dieses schöne Gefühl und will das später mit dem Kauf der Marke wiedererleben. Das ist hochplausibel. Und würde vielleicht auch funktionieren, wenn nur wenige Marken mit dieser Erkenntnis arbeiten würden. Da aber gefühlte 91,3 Prozent der Werbung mit Menschen uns fröhliche, glückliche Verwender zeigen, sind wir abgestumpft. Unser Autopilot meldet uns keinen Aufmerksamkeitsimpuls mehr, sondern ignoriert diese Bilder schlicht als bekanntes Bilderflimmern, das keine wichtigen neuen Informationen enthält.

Trotzdem ist die Gier nach emotionalisierenden Maßnahmen ungebrochen. Inzwischen wird das Problem durch die digitalen Medien sogar noch größer. Wo man früher noch ganzseitige, emotionale Anzeigen oder gar Dreißigsekünder im TV einsetzen konnte, wird heute vermehrt auf Bannerwerbung und maximal fokussierte Aktionen auf Social-Media-Kanälen gesetzt. Da sich die meisten Menschen der interaktiven Kommunikation mit Marken verweigern, muss die Hauptnachricht oft schon in der Kombination eines briefmarkengroßen Bildes mit einem kurzen Satz rübergebracht werden. Das emotionalisiert – aber leider immer mehr in die falsche Richtung. Die Nutzer sind genervt, klicken diesen scheinbaren Content nicht mehr an und versuchen dieser Art der Kommunikation zu entkommen. Adblocker werden von immer mehr Nutzern als Schutzmauer eingesetzt. Das kompensieren geschickte Dienstleister weltweit über Klickorgien von Bots, um den Werbetreibenden mit hoher Scheinperformance digitalen Sand in die Augen zu streuen.

Wie eingangs gesagt haben wir einen schlechten Zugang zu den Treibern unseres automatischen Verhaltens. Wie können Marken Karinas Autopiloten noch erreichen? Wenn wir unsere eingebauten Verhaltensprogramme nicht hinterfragen können, müssen wir einen anderen Weg gehen, um diesen Prozess doch noch richtig zu verstehen. Das geht ziemlich gut, indem man aus dem beobachtbaren Verhalten Rückschlüsse auf unsere Programmierung zieht.

Der australische Marketingprofessor Byron Sharp hat große Marktforschungsdatensätze danach untersucht, was das

Kaufverhalten von Menschen erklärt. Sein erstes Buch „How brands grow. And what Marketers don't know" ist schon nach wenigen Jahren ein Klassiker der Markentechnik geworden. Der 2015 erschienene zweite Band hat die fundamentalen Erkenntnisse auch bei digitalen Marken / Anbietern nachgewiesen und sowohl in Schwellenländern als auch in Wirtschaftsnationen gefunden.[6]

Weitere Forscher, wie der holländische Marketingprofessor Corstjens[7] haben diese Regeln in eigenen Untersuchungen bestätigt, ebenso haben große Beratungsgesellschaften, wie Bain & Company, in ihren Projekten die gleichen „Gesetze" aufgestellt. Interessanterweise braucht es nicht einmal die großen Datensätze, auf die Sharp zurückgreifen kann, wenn man weiß, welche Muster generalisierbar und nicht markenindividuell sind. Ein Marketer kann das Generelle in seinen Daten nicht sehen und man scheint durch Marktforscher auch selten darauf aufmerksam gemacht zu werden. Könnte ja den Forschungsbedarf reduzieren.

Die wichtigsten Erkenntnisse über die Gesetze des Verhaltens von Menschen im Verhältnis zu Marken finden Sie auf den folgenden Seiten dieses Kapitels. Zur Vertiefung empfehle ich die unterhaltsam geschriebenen Bücher von Sharp und Corstjens zu lesen. Sharp und auch Corstjens bleiben allerdings in einem wichtigen Punkt oberflächlich. Bei der Frage nämlich, wie man heute zu wirksamer Aufmerksamkeit der Zielgruppe kommen kann. Das ist nachvollziehbar, weil solche Informationen nicht in den typischen großen Kaufverhaltensdatensätzen aus der Panelforschung enthalten sind. Ich werde in diesem Buch mit dem Staunen einen neuen Lösungsansatz vorstellen.

---

6 Sharp, Byron: How Brands Grow: What Marketers Don't Know, Oxford University Press, 2010; Sharp, Byron; Romaniuk, Jenni: How Brands Grow: Part 2: Emerging Markets, Services, Durables, New and Luxury Brands, Oxford University Press, 2015

7 Corstjens, Marcel: Penetration. the New Battle for Mind Space and Shelf Space, Bertrams Print on Demand, 2015

Sehen wir uns aber zuerst die wichtigsten Voraussetzungen für erfolgreich wachsende Marken an. Was wir hier erleben werden, sind nur scheinbar Marktdatenanalysen – es ist Verhaltenswissenschaft pur, oder behavioral economics, wie das gerade gerne genannt wird.

VERFÜGBARKEIT – NUR WAS VERFÜGBAR IST, KANN GEKAUFT WERDEN.

Das klingt im ersten Augenblick furchtbar trivial. Aber Sharp und Corstjens sehen das nicht nur physikalisch, sondern vor allem mental. Unser Autopilot hat nämlich ein Aktualitätsbias (fehlerhafte Urteilsneigung). Wenn Karina ein Bedürfnis hat, dann liefert ihr Gedächtnis nicht eine komplette Liste der ihr bekannten Lösungsmöglichkeiten. Sondern etwas, das gerade bei Karina „top of mind" ist. In der Psychologie ist das als Salienz bekannt. Angenommen, Karina hat den Rosendünger von Compo vor kurzem verwendet. Jetzt braucht sie einen Rasendünger und denkt wahrscheinlich zuerst an Compo und nicht an Neudorff, den sie eigentlich auch kennt. Was uns zuerst als Lösung in den Sinn kommt, hat eine deutlich erhöhte Chance gekauft zu werden. Dann braucht das Gehirn nämlich nicht in den anstrengenden Denkmodus zu wechseln.

Die Aktualität und Eindrücklichkeit unserer Erlebnisse beeinflusst die Wahrscheinlichkeit, mit der unser Gedächtnis eine Lösung liefert. Das Gedächtnis ist keine nüchterne Datenbank, die auf den Suchbefehl Dünger all unser Wissen dazu in unseren Arbeitsspeicher spielt. Eine schnelle taugliche Lösung ist für uns viel effizienter. Rasendünger? Compo! Passt.

Wenn Marken längere Zeit keine Erlebnispunkte mit Karina hatten, dann wird sie diese immer schlechter erinnern. Und sie auch nicht mehr kaufen. Der Compo Dünger ist gerade nicht verfügbar? Na, dann machen wir mal eine Ausnahme und fragen unser Gedächtnis, ob uns noch eine Alternative einfällt.

Wenn Marken wachsen wollen, müssen sie also die psychische und physische Verfügbarkeit ausweiten.

In den Anfangszeiten des Internets gingen noch viele Manager davon aus, dass jetzt alles demokratischer würde, dass auch kleine Anbieter in einer Kategorie beste Chancen hätten, weil ja die technischen Kosten der Präsenz überschaubar waren. Weit gefehlt. Statt kleinstteiligem Mikrokosmos haben wir es heute mit Giganten zu tun, statt Trampelpfaden mit breitesten Highways. Google, Amazon, Microsoft, Apple, Alibaba und Facebook haben die Aktualität auf ihrer Seite. Selbst die Kunden des Mediamarkts suchen nach neuen Produkten meist erst auf Google. Denn Google fällt uns eher ein als Mediamarkt, mit Google kommt man häufiger in Kontakt.

Kennen Sie das Modell des „mere exposure effect"? Psychologen haben gezeigt, dass uns Menschen, die wir schon mal gesehen haben, sympathischer erscheinen als Fremde – obwohl wir nichts über sie wissen. Ein kurzer Blick auf ein Foto reicht. Das ist auch ein evolutionäres Bias. Denn wenn wir etwas kennen, dann hat es schon viel von einer potenziellen Gefahr verloren. Wir haben den ersten Kontakt ja überlebt. Dieses Bias funktioniert auch bei Marken. Und ist ein weiterer Beweis für die Kraft der Salienz.

WENN SIE MEHR LEUTE ERREICHEN KÖNNEN, SIND SIE ERFOLGREICHER.

Die Fokussierung auf eine spezielle, möglichst eng definierte Zielgruppe ist ein ewiges Marketingmantra. Wir sparen viel Geld, weil wir Fehlkontakte vermeiden. Das ist eine so unglaublich plausible Vorstellung, dass schon vorsichtige Kritik den Zuhörer irritiert. Sharp zeigt an vielen Beispielen, dass diese enge Verbindung zwischen spezifischer Zielgruppe und Marke eine sehr, sehr seltene Ausnahme darstellt. Warum? Der spezifischen Zielgruppenvorstellung liegt letztlich der Homo oeconomicus-Gedanke zu

Grunde: Bestimmte Menschen suchen ein ganz bestimmtes Leistungsbündel und präferieren die Marke, die ihnen den meisten Nutzen, das beste Bündel verspricht. Das gilt aber nicht einmal dort, wo Leistungen tatsächlich unterschieden werden könnten.

Angenommen Karina wäre eine interessierte Hobbyfotografin. Dann wüsste sie demnach, wie groß der Bildsensor für ihre Bedürfnisse sein sollte, welchen Iso-Spielraum sie braucht, welche Brennweiten und wie groß der Monitor sein sollte. Vielleicht braucht sie auch GPS, WLAN oder Bluetooth. Oder gar LTE für Social-Media-Uploads. Weil sie alles weiß, könnte sie nun, mit etwas Aufwand, das ideale Angebot finden. Das ist nichts anderes als der klassische Nutzenoptimierungsgedanke. Corstjens zeigt auf, dass genau das Gegenteil eintritt. Er nennt es „feature fatigue", eine mentale Überforderung durch zu viele Auswahlmöglichkeiten.[8]

Auch Sharps Analysen zeigen, dass wir bei fast allen Kaufentscheidungen keine Maximiser sondern Satisfizer sind, also eine taugliche Lösung suchen. Karina würde das bestätigen. Sie wäre überfordert, die komplexen Konfigurationen der Kamerahersteller zu vergleichen. Weil sie eben keine so eindeutigen Anforderungen hat. Sie will doch vor allem zuverlässig gute Bilder machen. Es wird eher so laufen: Nicht zu groß, viel Zoom, nicht zu kompliziert, nicht zu teuer, GPS wäre gut. Und die Handlichkeit ist ihr besonders wichtig. Eine gute Kamera zu einem akzeptablen Preis, nicht die beste Leistungskombination. Und damit ähnelt sie vielen Käufern, gerade im Massenmarkt so sehr, dass eine echte deutlich getrennte Zielgruppe nicht existiert. Natürlich gibt es sehr engagierte Amateure – die dann wiederum den Profis sehr ähnlich sind und die gleichen Modelle verwenden. Eine andere Kategorie als der Massenmarkt, die wiederum nicht in deutlich unterschiedliche Zielgruppen zerfällt.

---

8 Corstjens, Marcel: Penetration. the New Battle for Mind Space and Shelf Space, Bertrams Print on Demand, 2015, S.34

Ehrenberg und später Sharp haben schon in den 1980er Jahren gezeigt, dass sich die Käufer in einer Kategorie sehr ähnlich sind. Die vom Marketing erhofften und von der Marktforschung errechneten Verbrauchergruppen hinter Marken existieren als scheinbar plausible Zahlengeschöpfe, nicht aber als deutlich unterschiedliche Menschentypen im Markt. Die Ähnlichkeiten der Verwender sind sehr viel größer als die Summe der kleinen Unterschiede auf die die Marktforschung hinweist.

Führende Marken werden von sehr ähnlichen Verwendern gekauft. Egal ob Opel und Ford, oder Audi, BMW und Mercedes. Gewisse Unterschiede gibt es zwischen den Kategorien. Sportwagenfahrer sind unterschiedlich zu Kleinwagenfahrern, vor allem im verfügbaren Einkommen. Aber innerhalb der Sportwagenfahrer sind die Profile ähnlich. Wer es sich leisten kann, hat den Porsche GT3 und den Mercedes SL AMG gleichzeitig in der Garage stehen. Schlussfolgerung: Wenn sich die Käufer in einer Kategorie ähnlich sind, führt eine künstliche Beschränkung auf einen Teil der Käufer nicht zu einer höheren Kundenbindung, nur zu weniger Reichweite und damit Absatzproblemen. Es ist besser mehr Menschen ab und an zu erreichen, als wenige Menschen häufiger.

Ein aktuelles Beispiel aus England: Quorn bietet eine große Palette fleischfreier Gerichte an. Die Marke hätte auf Vegetarier/Veganer zielen können. Man ging aber schnell vom vegetarischen Ersatzprodukt (relevant für etwa acht Prozent der Haushalte) über zu einer Positionierung als Marke für gesundheitsbewusstes Essen (relevant für etwa siebzig Prozent der Haushalte). Ende 2011 war Quorn verantwortlich für zweiundsechzig Prozent des Kategoriewachstums. Reichweite ist Voraussetzung für Wachstum. Diese Erkenntnis wird zusätzlich gestützt durch die Bedeutung der Light User.

LIGHT USER SIND EXTREM WICHTIG FÜR DAS ABSATZVOLUMEN EINER MARKE.

Ein weiteres, intuitiv plausibles Modell ist das der „Usage“. Demnach sollen erfolgreiche Marken vor allem von den Häufigkäufern leben. Deshalb sollte man seine Budgets auf diese Zielgruppe fokussieren. Sharp zeigt in vielen Beispielen, dass auch dieses Bild in der Realität nicht zutrifft. Viele glauben, dass das Pareto Prinzip bei Markenverwendung gilt. Dass also zwanzig Prozent der Verwender für achtzig Prozent des Absatzes verantwortlich sind. Scheint plausibel, denn wir alle kennen Kollegen, die so viel Coca Cola trinken, dass eine intravenöse Zufuhr eine echte Zeitersparnis bringen könnte.

Aber bevor Sie dafür eine Lösung entwickeln: Diese Extrem-User trinken zwar ein paar Kästen in der Woche. Aber sie sind sehr wenige und bringen tatsächlich nur ein Prozent der Absatzmenge. Und überhaupt: Wie sollten die noch mehr Cola trinken können?

Die wirkliche Bedeutung von Seltenkäufern ist viel höher: Zwischen vierzig und sechzig Prozent der Jahresverkäufe der meisten Marken kommen von Einmalkäufern! Auch bei Coca Cola. Und auch bei Ihnen, wenn Sie in einem freien Markt unterwegs sind.

Auch bei Seltenkäufern läuft die Entscheidung über Salienz. Wer sehr selten eine Kategorie verwendet, kauft die bekannte Marke. Und als Seltenkäufer kennt man nur sehr wenige Marken. Wenn Karina mal pubertäre Lust auf Schaumküsse hat, landen die Dickmanns im Wagen. Und danach ist wieder für lange Zeit Ruhe. Ohne die Einmal-im-Jahr-Käufer wäre Dickmanns wohl eine unbedeutende Marke im Hause Storck.

Sharp argumentiert, dass eine Konzentration auf die vergleichsweise wenigen Heavy User ein großer Fehler ist. Denn Heavy-User-Untersuchungen zeigen, dass jedes Jahr viele Heavy User des Vorjahres plötzlich viel weniger oder gar nichts mehr verwenden. Weil sich der persönliche Kontext verändert hat, nicht weil die Marke Fehler gemacht hätte. Karina hat endlich ihre guten Vorsätze umgesetzt und die Ernährung umgestellt. Oder Tochter Tanja ist aus dem Haus und der Tiefkühlpommes- und Blondierschaum-Konsum erstirbt unvermittelt.

Dagegen werden Seltenverwender manchmal auch plötzlich Heavy User. Aus den gleichen Gründen. Die Zwillinge sind auf den Pommes-Geschmack gekommen. Statt dem Feierabendbier steht plötzlich etwas alkoholreduziertes auf dem Tisch. Ein Heavy-User-Bier wird plötzlich zum Heavy-User-Wein-Light und freut sich über das Abschmelzen der Hosengrößen. Heavy User sind nicht Überzeugungstäter, die unerschütterlich ihrem Verhalten treu bleiben. Sie passen ihr Verhalten an ihre veränderte Lebenssituation an.

Schlussfolgerung: Wenn sich das Kaufverhalten auf Grund persönlicher Umstände in Zielgruppen in großem Umfang laufend verändert, Heavy User ausscheiden, Low User zu Heavys werden, dann ist eine Konzentration auf einen kleinen Marktausschnitt sehr gefährlich, weil natürlich abschmelzende Kernverwender nicht hinreichend durch neue Kunden ersetzt werden. Wenn die zukünftigen Heavy User die Marke nicht salient haben, wird das nichts mit dem Markenwachstum. Wer nicht laufend neue Kunden gewinnen kann, wird zwangsläufig schrumpfen. Wer sich bei der Reichweite selbst beschneidet, hat keine Chance zu wachsen. Klingt komisch, ist aber so.

KLEINE MARKEN WERDEN IMMER DOPPELT BESTRAFT.

„Ja, unsere Marke ist klein, aber fein. Wir haben eben die treueren Kunden". Leider falsch, denn es gibt das „Law of Double Jeopardy", das Gesetz der doppelten Bestrafung. Entdeckt von dem Soziologen William McPhee in 1963. Weniger bekannte Radiomoderatoren (erste Bestrafung) werden von den Kennern weniger gemocht (zweite Bestrafung). Und eine Dekade später zeigt Andrew Ehrenberg, dass das auch bei der Markenwahl so ist. Marken mit kleinerem Marktanteil haben weniger Konsumenten (erste Bestrafung) und diese sind auch etwas weniger loyal (zweite Bestrafung). Seitdem wurde dieses Muster auch bei B2B-Marken, Dienstleistungen, Ladengeschäften, Handelsketten, Comics, Zeitungen, TV-Stationen, TV-Programmen, Radio-Stationen, und Politikern nachgewiesen.[9] Egal ob lokale oder internationale Marken.

Marken mit gleichem Marktanteil haben typischerweise eine ähnliche Käuferreichweite, also wie viele Personen sie in der Periode mindestens einmal kaufen. Und vergleichbare Loyalität. Große Marken haben viele Käufer und eine etwas höhere Loyalität. Kleine Marken haben weniger Käufer und eine geringere Loyalität.

Nur bildhaft: Ein durchschnittlicher Kunde von Ritter Sport kauft vielleicht die Hälfte seiner Tafeln von Ritter Sport. Aber ein Kunde von Sarotti kauft nur ein Drittel seiner Tafeln von Sarotti. Sarotti ist also mit weniger Käufern in Kontakt, die Sarotti auch noch weniger Anteil an ihrem Schokoladenkonsum geben.

Schlussfolgerung: Loyalität und die damit verbundenen Wertschätzungen der Marke (Qualität, Vertrauen) hängen viel mehr an der Bekanntheit als führende Marke, als an der scheinbaren „Einzigartigkeit" oder den Bindungsanstrengungen der Marke selbst. An dieser Stelle kommt immer Widerspruch, insbesondere weil jeder vermutlich eine Ausnahme von der Regel zu kennen glaubt. Und die mag es auch geben. Aber Sharp hat inzwischen mit diesem immer wiederkehrenden Muster viele Fälle in den unterschiedlichsten Kategorien und Ländern (online und offline) untersucht.

9 Sharp, Byron; Romaniuk, Jenni: How Brands Grow: Part 2: Emerging Markets, Services, Durables, New and Luxury Brands, Oxford University Press, 2015, S.4

Wir können also davon ausgehen, dass wir hier einem evolutionär erworbenen, unbewussten Verhaltensbias bei der Arbeit zuschauen können. Was groß, bekannt und bewährt ist, ist eine wirklich taugliche Lösung. Nicht umsonst wurde dieses Bias erstmals von einem Soziologen erkannt. Aber die Hoffnung die Markenloyalität getrennt von der Käuferreichweite steigern zu können (der strategische Grundgedanke der Brand Funnel Analysen[10]) – und damit die Marktanteile zu steigern, bleibt scheinbar unverrückbar bestehen.

Gerne werden Kundenbindungsprogramme als wirksame Loyalitätstreiber angeführt (Miles&More, Payback, Deutschlandcard, Kundenkarten von Händlern, Kundenklubs). Warum nur haben die meisten dieser Maßnahmen nach gutem Start ihre Leistungen drastisch reduziert? Von anfangs drei Prozent Rabatt auf mittlerweile unter einem Prozent. Viele wurden sogar wieder eingestellt. Siehe Happydigits von Telekom und Quelle. Es scheint schwierig zu sein, die Kosten der Programme durch echten Mehrumsatz aufzuwiegen. Zudem muss man sich fragen, ob Käufe aufgrund von Preisnachlässen überhaupt als Loyalität (überzeugte Bindung) definiert werden können.

Wenn man dagegen Marken analysiert, die über Jahre stark wachsen, dann gewinnen sie immer über eine kontinuierliche Ausweitung der Käuferzahlen – und parallel dazu durch eine kleine Steigerung der Loyalitätswerte.

Ein kleiner Tipp: Wenn Kritik an diesem verhaltenswissenschaftlich abgesicherten, menschlichen Verhalten aufkommt, dann sollten Sie einfach einmal den „follow the money"-Ansatz

---

10 http://beloved-brands.com/2013/03/31/brand-funnels/. Dieser aus der berühmten AIDA Formel entstandene Ansatz geht davon aus, dass sich die Kaufneigung über eine Art Trichter mit Stufen messen lässt. Am großen Rand beginnt die Bekanntheit, darunter Vertrautheit, darunter kommt zum Kauf in Frage, darunter Kauf, darunter Wiederkauf und dann Loyalität am engsten Punkt. Aus der Größe der Abschmelzrate von Stufe zu Stufe werden Ableitungen auf Markenaktivitäten gezogen.

verwenden. Man benötigt beispielsweise viel seltener Handelspaneldaten, wenn Größe und Bekanntheit der Marke mit Loyalität verknüpft sind. Kein Wunder, dass aus dieser Ecke die meiste Kritik kommt. Abweichungen von der obigen Regel sind übrigens häufig in überdurchschnittlichen Preisen oder limitierter Distribution begründet.

MARKENPOSITIONIERUNG WIRD ÜBERSCHÄTZT.

Das war für mich persönlich die größte Pille, die ich schlucken musste. Denn mein ganzes Marketingleben ist von Positionierungsarbeit geprägt. Sharp hat nachgewiesen, dass wenn eine Marke wächst, sie nicht eine bestimmte Käufergruppe anzieht. Es sind, echte Innovationen ausgenommen, die typischen Käufer der Kategorie, die nun zur neuen Marke wechseln. Und noch interessanter: Die neuen Käufer kommen in einem vorhersehbaren Muster zur wachsenden Marke. Sie bilden den bisherigen Markt ab! Sie kommen von allen Marken, ungefähr im Verhältnis derer Marktanteile.

Angenommen McDonalds hätte einen Out of Home Marktanteil von dreißig Prozent, Subway von fünfzehn und Burger King von zehn. Und jetzt kommt eine neue Kette namens Unicorn Burgers mit ähnlichem Preisniveau und gewinnt eintausend Kunden, dann werden etwa dreihundert von McDonalds kommen, einhundertfünfzig von Subway und so weiter. Dieses Muster spricht Bände für die Ausrichtung von neuen Angeboten. Viele Marketers wissen das, denn man sieht überall, wie erfolgreich breite Rangeangebote sind, weil sie verschiedene Bedürfnisse und Kontexte parallel bedienen. So ist Milka in Deutschland schmelzig zart auf Alpenmilch positioniert. Ritter Sport ist dagegen eher knackig und prall gefüllt. Dennoch hat auch Ritter eine Alpenmilch Variante im Programm. Nicht besonders knackig oder schmelzig und nicht gefüllt. Eigentlich ein klarer Widerspruch zu einer stringenten

Positionierungsstrategie. Aber Sie ahnen es. Diese Variante ist sehr erfolgreich, weil viele im Markt gerne mal eine Alpenmilchschokolade verputzen. Und inzwischen gibt es auch Bio Ritter Sport und Schokowürfel. Und Einhornschokolade, aber das ist ein eigenes „limitiertes" Thema.

Segmentanalysen sind nicht interessant, um nur ein Segment zu bedienen. Sondern als Inspiration, welche weiteren Segmente man bedienen sollte, um wachsen zu können. Denn: größere Marken haben auch die loyaleren Kunden. Wenn der Marktführer der Traditionssekte, Rotkäppchen, mit Fruchtsecco ein modernes weibliches Sektmischgetränk auf den Markt bringt, ist das eigentlich eine Verletzung der klaren Positionierung. Aber der scheinbare Mut wurde belohnt, Rotkäppchen ist auch Marktführer bei den Sektmischgetränken geworden. Selbst als Spätfolger. Weil die Traditionssekttrinker eben auch Situationen haben, wo sie lieber etwas fruchtig-frisch Prickelndes genießen. Die hohe Salienz der großen Marke Rotkäppchen in einer sehr breiten Reichweite ist ein vorzüglicher Treiber für zusätzliche Verkäufe. Auch bei Menschen, die kaum Sekt trinken. Natürlich stimmen Produktqualität und Preis auch, aber das ist eine Nebenbedingung, nicht der Grund.

Wer ist der Weltmeister der schrittweisen Segmentausweitung? Amazon. Anfangs heftig kritisiert, als man sich von der Buchpositionierung entfernte. Vielleicht war ich damals auch bei den Kritikern, habe ich schon vergessen. Der Rest ist Geschichte und ein monumentaler Beweis für die Richtigkeit von Sharps Erkenntnissen. In einem Segment einsteigen, aber sich dort nicht einigeln, sondern bald weiteres Wachstum aus naheliegenden Segmenten holen. Deshalb Vorsicht bei Slogans, die schnell ein zu enges Korsett sein können. „Quadratisch, praktisch, gut" schließt Ritter aus dem Riesenmarkt der Schokoladenweihnachtsmänner und Osterhasen aus. Schmunzelt der Milkahase deshalb so keck? Ich wette, dass man das nicht ewig aushalten wird.

UNSER GEDÄCHTNIS FUNKTIONIERT NICHT WIE EINE FESTPLATTE.

Wer das richtig versteht, hat Chancen zu wachsen.

Unsere Erinnerung beeinflusst das Kaufen, das Kaufen beeinflusst unsere Erinnerung. Erinnerungen sind Verknüpfungen von verschiedenen Informationen. Keine strukturierte Datenablage an einem Ort. Wenn wir zum Beispiel nach einem Wort suchen, arbeiten große Bereiche des Gehirns beim Suchen zusammen. Es wird nicht an einer Stelle gesucht. Mit dem gesuchten Wort müssen andere Informationen verknüpft sein und darüber wird das Wort letztlich aufgefunden. Die jeweiligen verknüpften Informationsbausteine können also als Auslöser dienen, um die Erinnerung wieder zu aktivieren.

Ein Beispiel: Sie fahren auf der Autobahn und haben Hunger. Autobahn und Hunger sind Auslöser, die Sie an eine Tank & Rast-Raststätte erinnern, bei der Sie letztes Mal eine Currywurst mit vielen Pommes mit fast kindlicher Begeisterung verputzt haben. Die Entscheidung ist bereits gefallen, bevor Ihnen das bewusst wird. Sie suchen gar nicht weiter im Gedächtnis. Hunger allein würde sicherlich nicht „Currywurst" auslösen (hoffe ich für Sie), sondern zusätzliche Informationen brauchen, um eine Lösung zu finden. Wenn Sie zu Hause sind und Hunger haben, dann fällt Ihnen vielleicht der Snack in der Küchenschublade ein. Im Büro der Gang zur Kantine oder den Praktikanten losschicken. In der Stadt vielleicht Ihr Lieblingsdönerladen. Immer ist Hunger dabei, aber verschiedene Kontexte liefern unterschiedliche Lösungen. Frische Erinnerungen werden bevorzugt. Wenn Sie vor Jahren mal bei Pizza Hut gut gegessen haben, hat das trotzdem kaum eine Chance gegen den leckeren extra scharfen Döner, den Sie letzte Woche hatten.

Wenn unser Gedächtnis beeinflusst, was wir kaufen, dann sind die Marken erfolgreicher, die mit vielen verschiedenen

Informationen und Auslösern verbunden sind. McDonalds ist hier ein Paradebeispiel. Denn McDonalds könnte bei Karina die Antwort auf ganz viele unterschiedliche Bedürfnisse oder Kontexte sein: Big Mac, Kindergeburtstag (Okay, in Tanjas Alter nicht mehr), Autoschalter, McCafe, wenig Zeit, WLAN, Salat, vegetarisch, Gutscheine, Familienessen nach dem Kino, Gier, Autobahn, Bahnhof, und so weiter. Es macht deshalb für Manager viel Sinn genau zu verstehen, was die Auslöser sind, die ihre Kategorie aktivieren können. Was löst der morgendliche Gedanke „Was passiert gerade Spannendes in der Welt" aus? Was fällt Ihnen zuerst ein? Tageszeitung, Focus Online, Facebook, Welt, BR5, Bild.de, SPON? „Wie haben die Bayern heute gespielt?" Wenn jetzt Spiegel Online bei zu vielen Leuten nicht auf den ersten Plätzen aufkommt, dann hat das Management die Aufgabe eine stärkere Verknüpfung von dem Auslöser Fußballergebnisse und SPON zu schaffen. Das ist erfolgsversprechender, als die Marke zu emotionalisieren, denn das dürfte nur selten ein Auslöser sein, der die Marke hochkommen lässt.

Es ist wichtiger zu verstehen, was die Auslöser im eigenen Markt sind, als die berühmten „Relevant Sets", also die Rangliste der Alternativen bei einem Kunden. Der Relevant Set-Gedanke geht wieder davon aus, dass wir immer die Alternativen abwägen und uns entsprechend verhalten. Nur arbeitet unser Gedächtnis eben nicht so überlegt, sondern sehr effizient in der Situation.

Angenommen ich kaufe gerne bei Edeka, etwas weniger gern bei Rewe und selten bei Norma. Mein Bedürfnis ist nun kurz vor Feierabend Erdnüsse, eine TK-Pizza, eine Marmelade und eine Flasche Mineralwasser und schnell auf die Couch. Norma liegt direkt auf dem Weg nach Hause. Der Feierabend lockt. Mit diesem wichtigen Auslöser ist die Entscheidung klar. Ich denke gar nicht erst an den schönen Edeka-Markt, für den ich einen Umweg in Kauf nehmen müsste, der meinen Feierabend weiter verzögern würde.

UNTERSCHEIDUNGSFÄHIGKEIT (WIEDERERKENNUNG) IST WICHTIGER ALS DIFFERENZIERUNG (UNTERSCHIEDLICHE BENEFITS).

Wir leben in einer Zeit, in der eine Unique Selling Proposition (Alleinstellungsmerkmal) praktisch nicht mehr zu etablieren ist. Denn einerseits werden Leistungsvorsprünge vom Wettbewerb in kürzester Zeit aufgefangen. Andererseits ist Karina aber auch völlig überfordert, etwaige Unterschiede zwischen den Leistungen überhaupt wahrzunehmen. Wie sollte sie die Leistungen der Kameras ohne riesigen kognitiven Aufwand bewerten? Wie Waschmittelleistungen bewerten? Vielleicht nach dem Duft? Oder weil eines ein Biosiegel hat? Viel wichtiger ist auch hier der Gedanke der mentalen Verfügbarkeit. Und ein besonders wichtiger Bestandteil ist die merkfähige Unterscheidbarkeit der Marke vom Wettbewerb.

Werbeaussagen sind eher kurzfristig, die Markenidentität ist zentral für die erfolgreiche Zukunft. Und deshalb ist es auch wichtig, dass die Identität nicht auf der Bedeutung des aktuellen Geschäfts beruht! Apple war mal nur Computer. Starbucks nur Kaffee. Amazon nur Bücher. Bleibt man mit der Identität zu dicht am aktuellen Geschäft, wird man dies in der Zukunft ändern müssen, um zu wachsen. Und es den Kunden neu beibringen. Unnötig schwierig.

Wenn Marken am POS herausstehen müssen, ist die schnelle, einfache Wiedererkennbarkeit zentral für den Markenerfolg. Das Blau von Nivea. Die rote Kapsel von Rotkäppchen. Die Flügel von Red Bull. Die roten Dosen von Coca Cola. Die Streifen von Adidas, der Swoosh von Nike. Alles Zeichen, die zu einem Asset der Markenwiedererkennbarkeit geworden sind. Mercedes, VW und BMW haben Logos und „Gesichter“, die den Marken besser zugeordnet werden als die Slogans.

Auch im Onlinebereich ist es wichtig klare visuelle Assets aufzubauen. Der Name allein reicht nicht. Studien zeigen, dass visuelle

Images besser arbeiten als Headlines oder Logos allein. Farben und Formen, die mit dem Markennamen verbunden sind, arbeiten erfolgreich. Gerade bei Apps zeigt sich die Kraft guter Assets. Die rote Flamme von Tinder, das Facebook „f", der Lufthansakranich, das mytaxi „X". Genial ist der Fuchs vom Firefox. Auch Twitters Vogel auf blauem Grund. Schwach dagegen der Versuch von Eurowings. Man kann es nicht einmal sinnvoll beschreiben.

DAS FEHLENDE GESETZ: WAS MACHT KOMMUNIKATION DURCHDRINGENDER?

Sharp und andere haben die vielen Gesetze aus riesigen Mengen an Daten und Studien herausfiltern können und dabei aufgezeigt, dass es typische menschliche Verhaltensweisen gibt, die deutlich von dem abweichen, was viele Markenpositionierungsmodelle unterstellen. Der große Vorteil von Sharp? Er denkt nicht von der Marke her, sondern analysiert menschliches Verhalten. Betrachtet also einen Teil der Verhaltenswissenschaften (behavioral economics). Markenmodelle stellen dagegen die Marke in den Mittelpunkt und das verführt dazu, sich mehr mit dem Krieg zwischen den Marken zu beschäftigen und hier Unterschiede und Differenzierungen zu gestalten, die Verbraucherpräferenzen verändern sollen. Wenn Karina aber eher verwirrt oder gar gestresst ist, wenn alle Marken auf sie einreden und ihre schönsten Features anpreisen, dann passen die Modelle und das menschliche Verhalten einfach nicht wirklich gut zusammen.

Sharp und Corstjens beschäftigen sich nicht tiefer mit dem Thema Aufmerksamkeit. Wie schaffe ich es, dass Menschen mich wahrnehmen? Hier bleiben beide vage, denn letztlich geht es dabei um Effekte, die man nicht in den typischen Datensätzen erhoben hat. Das Feld Aufmerksamkeit ist eigentlich die Paradedisziplin von Agenturen. Vordenker der Szene reklamieren, dass es die Kreativität der Werbeidee und Umsetzung sei, die die Aufmerksamkeit auf sich ziehe. Bessere Kreativität steigert die Aufmerksamkeit und ist damit ein Mehrwert in der Markenführung. Was aber ist bessere Kreativität? Wie erkennt man sie? Und wenn alle Agenturen behaupten, kreative Arbeit zu leisten, was verhindert dann die Aufmerksamkeit? Das jetzt nur auf konservative Marketer zurückzuführen, ist nun doch zu billig. Denn, auch wenn man Sharps Gesetz der notwendigen Reichweite akzeptiert, ist es doch besser, wenn diese Reichweite auch wirksam bespielt wird, also Aufmerksamkeit erzielt wird.

Wann löst Werbung Aufmerksamkeit aus? Wenn sie besonders laut ist? Wenn sie anders ist? Wenn sie besonders sexy daher kommt? Eine gute Musik drunter liegt? Eine schöne Geschichte erzählt? Und Aufmerksamkeit muss ja überhaupt nicht auf eine Markenpräferenz einzahlen. Also gibt es auch falsche Aufmerksamkeit! Vor ein paar Jahren sind wir eher per Zufall auf eine Emotion gestoßen, die wir bis dahin nicht für die Markenführung berücksichtigt hatten: Das Staunen. Und nach vielem Nachdenken waren wir uns sicher, dass wir einen sehr spannenden Schlüssel für Aufmerksamkeit in den Händen halten. Schauen wir uns das Thema Staunen im nächsten Kapitel näher an.

4. DIE KRAFT DES STAUNENS

Max, Karinas neuer Lebenspartner, ist Lehrer. Und auch wenn wir in den Medien viel Kritik am deutschen Bildungssystem hören, Stichwort PISA, beim Thema Staunen hat tatsächlich die Pädagogik die Nase vorn. Lehrer sollen Kindern sehr viel beibringen. Diese sollen vorgegebene Inhalte möglichst gut behalten. Das zeigt doch schon mal eine gewisse Nähe zum Marketing auf, oder? Nein, nicht dass wir unsere Käufer wie Kinder behandeln, es sei denn, Kindersachen wären unser Markt. Und auch nicht, dass sich Werbung oft wie der klassische Frontalunterricht anfühlt. Das Marketing möchte aber schon, dass die Zielgruppe etwas über die Marke lernt und das so schnell nicht mehr vergisst.

Nicht erst seitdem wir schlechte PISA-Bewertungen bekommen haben, beschäftigt sich die Pädagogik damit, wie man Schülern den Stoff besser vermitteln kann. Und hier kommt das Staunen ins Spiel. Staunen schreibt man ohnehin meist Kindern zu. Sie staunen, wenn sie das erste Mal bewusst einen Weihnachtsbaum wahrnehmen. Oder wenn sie das erste Mal auf einem Jahrmarkt stehen. Oder mit einem Boot fahren. Aber auch Erwachsene können staunen. Zum Beispiel, wenn man ein überraschend preisgünstiges Angebot sieht. Oder wenn es in einem Café riesige Windbeutel gibt. Oder sehr kleine? Oder die modischen Cupcakes mit den geradezu unendlichen Dekorationen. Wenn Karina am Gardasee eine der Eisdielen betritt, dann staunt sie regelmäßig über das riesige Angebot. Opulent geschichtete Eisgletscher scheinen sich aus den beengten Schalen befreien zu wollen. Entscheide sich, wer kann.

Staunen motiviert uns, etwas Neues zu verstehen. Es begreifen zu wollen. Sich deshalb mit den bestaunten Alternativen oder Angeboten bewusst auseinanderzusetzen. Die Pädagogik überprüft deshalb experimentell, wie Staunen im Unterricht eingesetzt werden kann, weil es diesen gewünschten Prozess der gedanklichen Auseinandersetzung in Gang setzt.[11]

Wenn es gelingt Kinder bei einem Lehrstoff zum Staunen zu bringen und man ihnen die Gelegenheit gibt, das Phänomen durch eigenes Engagement aufzuklären, entsteht ein besonders tiefes Lernen. Der neue Sachverhalt wird mit vielen Eindrücken verknüpft im Gedächtnis abgespeichert und kann deshalb besonders leicht wieder abgerufen werden. Wenn Karinas Tochter Tanja von einem Chemieexperiment erzählt, bei dem sich Flüssigkeiten erst farblich drastisch verändert haben und danach auch intensive Gerüche wahrnehmbar wurden, entsteht Staunen und das Interesse zu verstehen, was da genau passiert ist. Tanja konnte das Gelernte ihrer Mutter tatsächlich noch nach Tagen genau erzählen. Was für ein Unterschied zum stumpfen Auswendiglernen von Veränderungen in Kohlenstoffketten. Kinder haben keine neuronalen Festplatten, die nur darauf warten beschrieben zu werden.

Dass Staunen ein neugieriges Verhalten auslöst, kann man sogar schon bei Kleinkindern sehen. Schon Babys staunen über unvorhergesehenes Verhalten von Gegenständen. Die Psychologinnen Aimee Stahl und Lisa Feigenson von der Johns Hopkins University Baltimore zeigten in Experimenten, dass Babys vor ihrem ersten Geburtstag schon Konzepte haben, wie sich Gegenstände verhalten. So sah ein Teil der Kleinen, wie ein Ball eine Rampe herunterrollte und dann einfach durch eine Wand hindurch glitt. Die Babys beschäftigten sich dann intensiver mit dem Objekt und ignorierten andere Spielzeuge, die auch zur Auswahl standen. Staunen führt also schon sehr früh

11 vgl. z.B. Schulte-Janzen (2002): „Staunen-Lernen“ im Sachunterricht. Arbeits- und Diskussionspapier zur Didaktik des Sachunterrichts in der Primarstufe hrsg. von St. Sekul Nr. 2. http://docplayer.org/25656523-Universitaet-zu-koeln-erziehungswissenschaftliche-fakultaet.html.
Martens, Ekkehard, Vom Staunen oder Die Rückkehr der Neugier, Reclam, 2003

zu intensiverem Lernen. „Kinder machen mit dem Wissen, das sie über die Welt besitzen, Vorhersagen über Ereignisse. Stellen sich diese Vorhersagen als falsch heraus, nutzen sie dies, um etwas Neues zu lernen“, sagt Feigenson.[12] Schemabrüche können also Lernanreize bieten.

Diese Beschäftigung mit den Informationen der Marke ist etwas, das Werbung auch erreichen will. Da es aber den unsäglichen Überfluss an Informationen generell und Werbebotschaften im Speziellen gibt, gelingt das nur in den seltensten Fällen. Selbstverständlich haben sich bereits die griechischen Philosophen mit dem Staunen beschäftigt. Für Platon etwa war das Staunen (griechisch: thaumazein) der Anfang des Denkens. Feigenson und Stahl haben das mit ihren Experimenten bestätigt.

Wenn man bei Amazon heute nach Staunen sucht, bekommt man vor allem Bücher angeboten, die sich mit Kindern beschäftigen, und einen deutlich kleineren Anteil für Erwachsene, die häufig eine offensichtlich esoterische Basis haben. Eine Ausnahme ist das 2016 erschienene, lesenswerte Buch „Die Neuerfindung des Erfolgs“ von Arianna Huffington, Gründerin der berühmten Huffington Post. Sie hat in der bewussten Suche nach Möglichkeiten zum Staunen einen starken Weg für eine gesunde Psyche mit mehr Glücksmomenten erkannt.[13]

In der wissenschaftlichen Marketingliteratur hat Staunen bisher wenig Bedeutung. Das liegt wohl daran, dass es stärker bei Kindern verortet ist und damit eine etwas infantile Konnotation hat. Wenn Erwachsene staunen, bekommt das leicht einen naiven, einfältigen oder gar unreifen Touch. Bildhaft wirkt das wie Bambi, das mit großen Augen einen Schmetterling betrachtet. Und wer will schon seine Zielgruppe so positionieren? Marken sollen

12 https://www.aaas.org/news/science-infants-learn-better-when-something-surprises-them. http://www.spektrum.de/news/wie-fantasie-kindern-beim-lernen-hilft/1431798

13 Huffington, Arianna; Mallett, Dagmar: Die Neuerfindung des Erfolgs: Weisheit, Staunen, Großzügigkeit – Was uns wirklich weiterbringt, Goldmann, 2016

uns doch gerade souverän erscheinen lassen. Aber damit schütten wir das Kind mit dem Bade aus. Es lohnt sich, das Staunen doch näher zu betrachten.

Eines der wenigen Beispiele aus der Marketingliteratur ist das unveröffentlichte Paper von Marc Steen und Liliane Hoyng (2003) „The 'wow' experience".[14] Die beiden Autoren schreiben: „Menschen reagieren sensibel auf einzigartige, merkwürdige Erlebnisse. Menschen vergessen ‚Wow-Erlebnisse' nicht so einfach. Wenn ein Produkt oder Service ein Wow-Erlebnis bietet, sind Menschen mehr geneigt es zu kaufen, es zu verwenden, es wieder zu kaufen und wieder zu verwenden."[15]

Selbstverständlich gibt es auch entsprechende Websites.

Dieses Wow-Erlebnis entspricht weitgehend unserem Staunen, auch wenn es etwas massiver daherkommt. Staunen auszulösen wird also wichtiger, wenn dadurch Aufmerksamkeit gesteuert werden kann: Die immer wieder zu konstatierende Reizüberflutung führt zu einer regelrechten Verweigerungshaltung gegenüber Werbebotschaften. Staunen ist eine Kraft, die diese Verweigerung, das Desinteresse, durchbrechen kann. Ohne Staunen ist Markenerfolg für neue Marken oder schwächelnde Marken deshalb heute nur schwer zu erringen. Warum sollte ich der unbekannten Marke denn meine knappe Aufmerksamkeit widmen?

Aber auch gut etablierte Marken verlieren permanent Kunden. Etwa durch Alter oder weil sich deren Lebenssituation verändert hat, oder weil eine andere Lösung in bestimmten Situationen salienter geworden ist. Marken sind deshalb gezwungen immer wieder neue Kunden zu gewinnen. Staunen wäre hier ein effektiver Mechanismus, um die Marke wieder salienter zu machen.

Aber wo und wie bringt man Konsumenten zum Staunen? Was

14 ttp://www.marcsteen.nl/docs/cost269wowexperience.pdf

15 http://www.marcsteen.nl/docs/cost269wowexperience.pdf S. 1

ist Staunen? Wie unterscheidet es sich von Überraschung, von Begeisterung, aber auch von Ehrfurcht und Überwältigung? Und wie eignet sich Staunen dazu, neue Käufer für ein Produkt oder eine Dienstleistung zu gewinnen? Schauen wir uns den Mechanismus des Staunen-Auslösens genauer an. Dazu müssen wir aber an anderer Stelle beginnen, nämlich an unserem Verhalten und den Motivatoren, die dieses Verhalten auslösen sowie den Emotionen, die damit verbunden sind. Warum? Weil wir in der Beschäftigung mit Staunen immer wieder erkennen mussten, dass es eine möglichst klare Abgrenzung von anderen Emotionen benötigt. Und wir hatten unser Heureka-Moment, als wir erkannten, dass Staunen dann besonders wirksam für die Marke ist, wenn es eine zentrale Motivation des Menschen betrifft: Die Selbstwirksamkeit.

5. ES GIBT ZU WENIGE EMOTIONEN

Wir müssen die Marke wieder emotionalisieren! So klingt der Hilferuf von Unternehmen und der Schlachtruf von Werbeagenturen im Pitch. Leider gibt es gar nicht so viele Emotionen und deshalb sehen sich emotionalisierte Marken oft so schrecklich ähnlich. Und Staunen ist bei diesen Emotionen bisher kaum dabei.

Emotionen als zuverlässige Basis des Markenerfolgs? Vorschläge gibt es viele. Von „lovebrands" über Begeisterungsdimensionen bis hin zu Überraschungsmarketing. Wie passen diese Markenwunschbilder aber zu uns Menschen?

Unser Verhalten ist geprägt von Wünschen oder Bedürfnissen bezüglich der Gegenwart und Zukunft, wobei man eine nähere und weitere Zukunft unterscheiden kann. Gegenwart und nähere Zukunft haben vornehmlich mit Genuss, Vergnügen und kurzfristigem Nutzen zu tun. Diese Nutzen haben oft eine starke impulsive Kraft. Das Glas Wein zu viel beim Gartenfest oder die roten Schuhe von Karina, die sie bei einem Bummel mit Freundinnen unbedingt haben musste, die aber Max eher peinlich sind.

Die fernere Zukunft orientiert sich mehr an Themen wie zum Beispiel langem Leben, Gesundheit, Sicherheit, Eigentum und Geldanlage sowie den Verzicht auf Nahgenuss, um für die Zukunft vorzubeugen oder diese angenehmer zu gestalten. Bald eine eigene Wohnung, das Wohnmobil, das eigene kleine Weingut oder die Brustvergrößerung.

Unternehmen müssen versuchen, das aktuelle Verhalten der Konsumenten zu ihrem Vorteil zu verändern. Deshalb wollen sie auf die Wahrnehmung von Marken und deren Interpretation durch die Konsumenten – deren Eignung zur Bedürfnisbefriedigung – Einfluss nehmen. Das ist nicht einfach, da unsere Sicht und Interpretation der Umwelt sowie die daraus erwachsenden Reaktionen, sprich unser Verhalten, von der Vergangenheit geprägt ist, von den gemachten oder eingebildeten Erfahrungen. Und damit ist unser aktuelles Wahlverhalten zwischen Marken beziehungsweise Angeboten weitgehend habitualisiert. Deshalb sprechen viele Autoren von einem „Autopiloten“.[16]

Häufig wird dieser Autopilotenautomatismus abschätzig betrachtet. Denn das wäre doch ein scheinbar unreflektiertes Verhalten und kein Zeichen von Klugheit. Aber dabei wird vergessen, dass der Automatismus auf unserer individuellen Lebenserfahrung beruht und nicht irgendetwas primitiv triebhaftes ist. Die meisten Kaufentscheidungen werden kaum reflektiert, sie laufen in erheblichem Maß automatisch ab. Dieses Verhalten ist ausgesprochen effizient, verbraucht kaum Ressourcen, weder Energie noch Zeit. Und lässt Karina Mensch bleiben, obwohl um sie herum der Bär steppt. Aber Karina reagiert nicht nur auf gefühlte Bedürfnisse und Anreize, sie sucht gelegentlich auch aktiv nach Abwechslung, ist an Neuem interessiert. Bitte das Wort „gelegentlich“ nicht überlesen! Wir sind also durchaus immer mal wieder auf Informationssuche. Aber leider meist nicht in den Kategorien und zu den Zeiten, die für Marketer relevant sind, etwa während wir einen Krimi sehen, skypen und jedenfalls nie für Putztücher, Fruchtjoghurt oder Krankenversicherungen (wenn wir schon eine haben). Denn durch den Information Overload (den Alvin Toffler übrigens bereits 1970 ausgerufen hat und das war noch die gute alte analoge Zeit), haben wir viel zu viel Content, wie man „Information“ heute gerne semantisch wohlschmeckend verpackt. Der Chefredakteur des Fachmagazins

16 z.B. Naughton, Carl: Der Autopilot im Kopf: Entscheiden, Urteilen, Probleme lösen, ohne in die üblichen Denkfallen zu tappen, Gabal, 2012.
Newell, Ben, Wong, Kwan Yao, Cheung, Jeremy: Think, blink or sleep on it? The impact of modes of thought on complex decision making. The Quarterly Journal of Experimental Psychology. 2009; 62(4), S. 702-732

Horizont sagt Mitte 2017 dazu: „Es ist ja schon ein bisschen absurd: Wir leben in einer Welt der totalen Reizüberflutung, wir werden zugeballert mit Informationen, Werbung, individualisierten „Botschaften" (Targeting und Programmatic), die Anzahl der Fernsehsender explodiert, die der Online-Spiele und Websites erst recht - und was tun die Unternehmen? Sie bauen im großen Stil eigene Redaktionen auf und/oder engagieren Agenturen, deren Job darin besteht, rund um die Uhr irgendwelche Inhalte zu produzieren. Ohne entsprechende Paid-Unterstützung landet ein Großteil davon irgendwo im Nirwana".[17]

Das Markenmanagement muss also erhebliche Widerstände überwinden, um eine Verhaltensänderung zu erreichen: Es muss Aufmerksamkeit bei weitgehend Desinteressierten im „Keine Zeit, keine Geduld"-Modus auslösen. Und selbst wenn Karina mal aktiv nach Problemlösungen sucht, muss die Marke plausiblere, bessere Lösungen als die Konkurrenz bieten. Gerne richtig guten knackigen Content. Was besser ist, entscheidet vor allem das Erfahrungswissen von Karina. Und auch nur, falls es einer Marke gelingt, Karina zur Neubewertung zu motivieren. Und da kommen Emotionen ins Spiel.

Nun leben wir in einer Zeit, in der klar ist, dass reine Fakten oft nicht mehr hinreichend sind, um das Verhalten von Menschen zu beeinflussen. Das zeigen nicht zuletzt Wahlen oder andere politische Entscheidungen. Wenn man die vielen Pannen, Ungereimtheiten, Selbstbedienungsmentalitäten und sozialen Härten der ersten hundert Tage der Trump-Administration anschaut, hätte es eigentlich kaum noch Unterstützer geben dürfen. Mal so ganz faktisch betrachtet. Es stand zu diesem Zeitpunkt aber immer noch ein gutes Drittel hinter dem zornigsten und vulgärsten Selbstbedienungs-Präsidenten aller Zeiten. Die Informationen über das Regierungsverhalten in den Medien blenden viele

17 http://www.horizont.net/marketing/kommentare/Erklaerungsversuch-Vier-besonders-bloede-Fehlurteile-ueber-Content-Marketing-159173

aus (fake news), quasi genauso wie lästige Bannerwerbung. Man muss sich deshalb im Marketing und in der Politik – zumindest zusätzlich – um Emotionen kümmern. Es geht also um Psychologie. Und in der gibt es bemerkenswert wenige Basisemotionen.[18]

	Izard 1977	Ekman 1973	Plutchik 1980	Tomkins 1984	Epstein 1984	Shaver et al. 1987	Frijda et al. 1995	Oatley & Johnson-Laird 1987
Negative	Fear	Fear	Fear	Fear	Fear	Fear	Fear	Fear
	Anger	Anger	Anger	Anger	Anger	Anger	Anger	Anger
	Sadness	Distress	Sadness	Distress	Sadness	Sadness	Sadness	Sadness
	Disgust	Disgust	Disgust	Disgust	–	–	–	Disgust
	–	Contempt	–	Contempt	–	–	–	–
	–	Shame	–	Shame	–	–	–	–
	–	Guilt	–	–	–	–	–	–
Positive or negative	Surprise	Surprise	Surprise	Surprise	–	Surprise	–	–
Positive	Happiness	Joy	Joy	Joy	Joy	Joy	Happiness/Joy	Happiness
	–	–	Acceptance	–	Love	Love	Love	–
	–	Interest	–	Interest	–	–	–	–
	–	–	Anticipation	–	–	–	–	–

Vor allem aber gibt es nur wenige positive Emotionen, nämlich vor allem Liebe und Glück/Vergnügen. Das Marketing hat sich – wie zu erwarten – dieser Emotionen intensiv angenommen.

Beginnen wir mit den negativen Emotionen. Es gibt durchaus immer mal wieder Versuche, mit den Emotionen der Ablehnung zu arbeiten, denn so hat man ja offensichtlich zusätzliche Emotionen, mit denen man sich abgrenzen kann.

Negative Emotionen, vor allem die Vermeidung von Angst, spielen vor allem dann eine Rolle, wenn es um Themen geht, die in der (ferneren) Zukunft spielen. Eine Versicherung abzuschließen, bedeutet jetzt Geld auszugeben, um künftige potentielle, negative

18 Desmet, P.M.A. (2012): Faces of Product Pleasure: 25 Positive Emotions in Human-Product Interactions, in: International Journal of Design, Vol.6, No.2, 2012, S.8.

Ereignisse erträglicher zu gestalten. Eine Diät wird eingehalten, weil man Angst hat, unattraktiv zu sein oder krank zu werden. Geld wird auch angelegt, weil man für das Alter vorsorgen will. Hier wird also zunächst Angst wirksam, um späterem Nutzen zu dienen: wenn ich jetzt Geld spare, nichts oder weniger kaufe, esse und so weiter, kann ich mich später in Sicherheit wiegen und eventuell sogar noch mehr genießen. Dennoch muss kein Unternehmen negative Emotionen dauerhaft an die eigene Marke binden. Institutionen wie die Stasi oder die türkische Gerichtsbarkeit aber wohl! Denn jede Überwindung oder Bewältigung negativer Emotionen kann wieder eine positive Emotion werden, dies nicht nur, wenn man sich vorstellt, was man sich im Alter leisten kann. Auch der Stolz auf die eigene Selbstwirksamkeit, also sich im Griff zu haben, kann ein wichtiger Motivator für den Verzicht auf kurzfristigen Genuss zur Sicherung des zukünftigen Lebens sein. Insbesondere diesen Motivator werden wir uns später noch einmal anschauen, denn er bietet zusammen mit dem Staunen eine interessante Kraft, um die Aufmerksamkeit von Karina zu wecken.

Das Vermeiden negativer Emotionen wird etwa von Versicherungen und Herstellern von Reinigungsmitteln intensiv genutzt. Aber auch hier gilt die Überzeugung, negative Emotionen durch bestimmte Handlungen vermeiden zu können ist ein Ergebnis, nicht der Weg. Auch Karina weiß, dass das Putzen selber bei ihr keine positiven Emotionen auslöst. Aber das saubere Bad schon. Und wir wollen herausfinden, wie man diesen Weg einleiten kann.

Negative Emotionen, wie etwa Angst (heute „thrill“ genannt), schrecken nicht nur ab, sie werden auch durchaus gesucht. Michael Balint hat dies schon in den 1990er Jahren gründlich analysiert.[19] Menschen lieben Krimis, viele versuchen sich im Bungee-Springen, es gibt gefährliche Sportarten wie zum Beispiel Wingsuit-Fliegen, Motorsport, Eistauchen oder Freiklettern.

19 vgl. Balint, Michael: Angstlust und Regression, Klett Cotta, 5. Auflage 2000

Angst zu überwinden verursacht (via Adrenalinausstoß) Lust. Dieses Überwinden negativer Emotionen kann dann auch wieder im Sinn einer Visitenkarte an die eigene Person gebunden werden: Das öffentliche Trinken von Red Bull etwa soll zeigen, dass man Teil einer „Community" ist, in der Adrenalin eine große Rolle spielt. Einer Gruppe, die keine Angst hat, die aktiv das Leben gestaltet. Das Überwinden von negativen Emotionen ist etwas anderes als deren Vermeidung. Aber auch hier ist wichtig zu wissen, wie man dies möglichst attraktiv gestalten kann.

Zum Beispiel, indem man Angst vor der Zukunft auslöst, um etwa Vorsorge zu verkaufen oder die Immunisierung vor Lebensrisiken, um mal das Wort „Versicherung" nicht in den Mund zu nehmen. Auch die Sicherheit von Fahrzeugen oder Reifen wird ab und an mit Horrorgeschichten emotional geschärft. Letztlich hat sich aber im Marketing immer wieder gezeigt, dass Menschen negative Gefühle gerne ganz vermeiden, indem sie solche Werbung mit noch größerer Sorgfalt ausblenden, sich nicht auf die bewusste Beschäftigung einlassen. Altersvorsorge? Boah, ist das eine komplizierte Spaßbremse, nee, das mach ich mal, wenn ich in Stimmung dafür bin.

Die begrenzte Wirkung von schockierenden Bildern sieht man auch bei den Zigarettenschachteln. Okay, hier will der Gesetzgeber ja auch keine positive Hinwendung. Erstaunlich ist dennoch, wie begrenzt die abschreckende Wirkung ist. Ein starker Raucher macht sich nicht einmal mehr die Mühe, einen Sleeve über die Bilder zu ziehen, oder gar die Zigaretten in eine Schmuckschachtel umzuziehen. Die Bilder werden nicht angeschaut, ausgeblendet und gut ist es.

Erstaunlich, wie präzise wir Menschen Aufmerksamkeit steuern können. Man sollte besser sagen, wie wir Dinge mit laser-genauer Nichtaufmerksamkeit belegen können. Ich hatte mich vor kurzem mit einem sehr erfahrenen Mediaplaner über digitale Werbeformen unterhalten. Er war der Überzeugung, dass Menschen gerade auf kleineren Bildschirmen jede Werbebotschaft sehen. Und damit liegt er eindeutig falsch. Unsere Selbstwahrnehmung ist, dass wir alles sehen, wohin unsere Augen gerichtet sind. Wie klein tatsächlich unser Fokus ist, wird uns nicht bewusst. Denn wo immer wir hinschauen, ist es ja scharf, oder? Es gibt einen berühmten Versuch, bei dem man einen Text auf einem Bildschirm lesen sollte. Eine Augenkamera erfasste genau, wohin der Blick gerichtet war. Und nun der Kicker: Nur in diesem wenige Quadratzentimeter großen Bereich wurde sinnvoller Text eingeblendet. Der Text darum herum war sogenannter Blindtext, also Buchstabenansammlungen ohne Bedeutung. Das ist keinem Teilnehmer aufgefallen. Wenn SPON mir Werbung einblendet, nehme ich die Botschaft selten wahr. Denn meine Augen suchen nach dem Feld, mit dem ich die Anzeige wegbekomme. Und da das zuverlässig rechts oben ist, sehe ich höchstens die Farbe der Anzeige.

Negative Gefühle werden heute häufig genutzt, um eine positive Veränderung zu demonstrieren. Manche erinnern sich vielleicht noch an das berühmte HB Männchen. HB war einmal die führende deutsche Zigarettenmarke. Ganz lange her. Das HB Männchen wurde gezeigt, wie ihm etwas dramatisch schief ging, es daraufhin einen Wutanfall bekam, sprichwörtlich in die Luft ging, zur HB griff und danach gelang alles wie von selbst. Tolles Storytelling, als noch keiner diesen Begriff kannte. Diese emotionale Veränderung vom Negativen zum Positiven durch die Marke wird auch heute noch gerne eingesetzt.

Bestes Beispiel ist das geniale Edeka-Viral Heimkommen, bei dem ein einsamer älterer Herr seine eigene Todesfeier organisiert und die trauernden Familienmitglieder nach dem Schreck die wohl emotionalste Weihnachtsfeier der Familie erleben. Ein wichtiger Treiber für den Erfolg von Heimkommen ist aber vor allem das Staunen über diese überraschende Handlung. Dazu später mehr. Aber Vorsicht. Unser Gehirn braucht Zeit die Emotionen in der Abfolge aufzubauen. Handelt es sich doch bei

Gefühlen auch um chemische Vorgänge im Gehirn. Wenn ich gerade Angst verspüre, dauert es eine Weile, bis diese Botenstoffe wieder abgebaut sind. Erinnern Sie sich mal an die letzte Autofahrt, als Sie plötzlich stark abbremsen mussten. Bis sich Ihr emotionales Kostüm wieder geglättet hatte, waren sicherlich Minuten vergangen. Bei kurzen Werbefilmen gelingt es manchmal sehr gut, die negativen Emotionen auszulösen – aber die Zeit ist für den Betrachter zu kurz, auch die positive Wendung im Gehirn abzubilden. Die negative Schwingung läuft noch, deshalb klingt das positive Signal nicht sauber durch und die Werber wundern sich, dass ihr schönes Storytelling, in der das Gute das Böse überwindet, in fünfzehn Sekunden doch nicht funktioniert.

Deshalb wenden wir uns jetzt den positiven Grundemotionen zu. Und das sind leider wirklich wenige. Überrascht? Da wäre die Liebe. Und das Vergnügen, das oft synonym mit Freude gebraucht wird. Und das war es auch schon. Wen wundert es, dass die Werbeklischees von überglücklichen, völlig aus dem Häuschen vor Glück und Lebensfreude agierenden Menschen geprägt sind. Und vielleicht von ein paar niedlichen Katzen und Hundewelpen, die über eine Standleitung zu unseren Emotionen zu verfügen scheinen.

Wenn sich alle Hausfrauen über die weiße Wäsche in der Werbung so richtig toll freuen und wir verstanden haben, dass da irgendwelche starken Fleckkiller in den Packungen hocken, was soll dann nach Jahren der laufenden Darstellung dieser positiven Freudeemotionen überhaupt noch Aufmerksamkeit auslösen? Karina hat schon lange keine Waschmittelwerbung mehr überdacht. Sie kauft ein Waschmittel, wenn sie es braucht, an dem Ort, an dem sie gerade den Einkauf macht. Letztens beim Lidl das Formil. Oder davor beim Edeka den Weißen Riesen. Der ist immer noch salient bei ihr. Aus der Zeit, als sie tatsächlich noch über die Animation mit dem weißen Riesen und seiner Riesenwaschkraft gestaunt hat.

Karina lässt ihrem Autopiloten freie Hand. Das heißt, sie sucht niemals weder aktiv nach Waschmittel-Content, noch löst fröhliche Waschmittelwerbung bei ihr Neugier aus. Sie tritt vor das Regal und eine Packung Universalwaschmittel landet im Einkaufswagen, ohne dass das Bewusstsein aktiv wird. Der Weiße Riese ist aber gut beraten, die Salienz immer wieder frisch zu halten, sonst endet auch diese schwache Bindung.

Wir nehmen solche glücksbetrunkenen Bilder auch selbst nicht mehr wahr. Machen Sie einfach mal die kleine Übung und achten bewusst darauf, wieviel „Freude" Ihnen so von Plakaten, Anzeigen, Videos und TV Spots entgegenspringt. Sie werden staunen. Weil also „einfach glückliche Menschen" zu zeigen irgendwie auch nicht mehr reicht, gibt es Ideen, die uns mit einer besonders kräftigen Emotion mit der Marke verkuppeln wollen. Und das schauen wir uns jetzt einmal an.

6. MARKENLIEBE

Relativ neu sind Ansätze in der Marketingliteratur, die sich um Liebe kümmern, da werden „lovebrands" oder „lovemarks" als höchste Stufe der Markenstärke angesehen.[20] Allerdings gab es das darunter liegende Konzept auch schon vorher in Form von Markenbeziehung, Markenengagement und Markeneinstellung, nur ist das eben nicht ganz so euphorisch aufgeladen, wie „Love". Silvia Danne etwa sieht „Sinnstiftung" als Weg hin zu Markenliebe. Als Beispiele nennt Danne Marken wie Harley-Davidson, Porsche, Apple oder auch die Sylter Sansibar. Ferrero hat eine eigene website „lovebrands" etabliert, wohl mit der Hoffnung, die eigenen Marken seien „lovebrands" oder könnten solche werden. Aber können Objekte wie Marken „Liebe" auslösen?[21]

Fangen wir mit Unterstützern an: Batra et al. halten dies für wahrscheinlich. Auf Basis einer Befragung (n = 70 Telefoninterviews) kommen sie zu dem Schluss: „Sechsundneunzig Prozent der Teilnehmer gaben an, auch etwas zu lieben, was keine andere Person sei. Zweiundsiebzig Prozent der Teilnehmer sahen mindestens ein (!) geliebtes Objekt, das das Liebeskonzept gut genug erfüllte, um als Liebe im strengsten Sinne des Wortes zu gelten".[22]

In einer qualitativen Folgestudie zeigte sich jedoch, dass die Liebe zu Marken verglichen mit interpersoneller Liebe als weniger bedeutsam erscheint, dass sie keine altruistischen Elemente

20 Z.B: Danne, Silvia: Love Brands: Communiting - Marketing 4.0 - SSP. So lieben Kunden Ihre Marke und werden zu Markenbotschaftern, Linde, 2015.
Roberts, Kevin: Lovemarks, The Future Beyond Brands, powerhouse Books, 2005.
Bauer, Hans, Albrecht, Carmen-Maria, Heinrich, Daniel: All You Need Is Love: Assessing Consumers' Brand Love, in: Kamin, M. & Martin, I.M. (eds.): Proceedings of the American Marketing association Summer Educators Conference, pp. 252-253, 2009

21 https://www.lovebrands.com

22 Batra, Rajeev; Ahuvia, Aron; Bagozzi, Richard: Brand Love. Journal of Marketing: March 2012, Vol. 76, No. 2, pp. 1-16

beinhaltet: Die Konsumenten waren interessiert daran, was die Marke für sie tun kann, nicht, was sie für die Marke tun können. Das scheint bei Staaten, Fußballvereinen oder Religionsgemeinschaften anders zu sein, zumindest lässt sich dies aus dem entsprechenden Zitat John F. Kennedys ableiten: „Fragt nicht, was euer Land für euch tun kann – fragt, was ihr für euer Land tun könnt." Aber auch aus dem, was Fußballfans für ihre Vereine machen oder streng religiöse Mitmenschen für ihre Glaubensinstitutionen (bis hin zum religiösen Fanatismus) lässt sich schwer wahre Liebe ablesen.

Auch Albert et al. sind der Meinung, es gäbe so etwas wie Markenliebe.[23] Andere Psychologen oder auch Marketers bestehen jedoch darauf, dass das Konzept der Markenliebe ein Mythos sei, weil sich Menschen bei Marken nicht so engagieren, wie viele Marketingleute dies glauben oder sich erhoffen. Menschen können Gefühle für Marken entwickeln, es ist nur so, dass diese Gefühle typischerweise eine sehr schwache Kraft (Valenz) aufweisen: „Ist okay", „macht seinen Job", „ist gut" oder „passt scho" (in Bayern). Und spannenderweise sind diese Gefühle oft nicht der Treiber des Verhaltens, sondern das Ergebnis: Ich habe es gekauft, also mag ich es. Auch bekannt als die Postrationalisierung.[24] Dass die mit der Marke verbundenen Gefühle in der Verhaltenswirkung deutlich überschätzt werden, scheint auf zwei sehr menschlichen Annahmefehlern zu beruhen. Die erste Annahme ist, dass der Nichtkauf auf Markenablehnung beruht, der Kauf also hohe Zuwendung darstellt. Studien von Ehrenberg-Bass mit über 500 Marken, in 24 Kategorien und 23 Ländern zeigen, dass echte Markenablehnung niedrig ist (stark vereinfachte Daumenregel für Deutschland: um die zehn Prozent

23 Albert, Noel; Dwight, Merunka; Pierre, Valette-Florence: When consumers love their brands: Exploring the concept and its dimensions. Journal of Business Research 61,2008, S. 1062–1075.

24 vgl. vor allem Sharp, Byron; Romaniuk, Jenni: How Brands Grow: Part 2: Emerging Markets, Services, Durables, New and Luxury Brands, Oxford University Press, 2015, S. 83ff

unter den Nichtkäufern). Für Marken ist es deshalb viel bedeutsamer, die schwache mentale Verfügbarkeit zu überwinden, als etwaige Ablehnung. Die zweite Annahme ist, dass jeder über eine feste Einstellung zu den ihm bekannten Marken verfügt. Die Regel ist aber, dass Nichtverwender, also die Mehrheit, keine besondere Einstellung haben.

So meint auch Mathew Weiss: „Es gibt einen großen Trend zur Idee der Schaffung tiefer Bindung, tiefen Engagements, und ultimativ der Schaffung von Fans oder Markenliebe ... Und das basiert alles auf der Idee, dass Menschen Beziehungen zu Marken wollen ... wenn das der Fall wäre, dann würde man hohe Level von Markenloyalität sehen – aber in echt sieht man das nicht.“ [25]

Nun ist es durchaus richtig, dass es vereinzelt Phänomene gibt, die es plausibel erscheinen lassen, dass Menschen Marken „lieben“. So gab es lange Schlangen von Käufern, um das neueste iPhone möglichst schnell zu ergattern, das gab es auch kurze Zeit bei Abercrombie & Fitch. Marken wie Zotter oder Tesla erzielen höchste Preise und Harley Davidson scheint von vielen geliebt zu werden. Vor allem Sportvereine schaffen es, so etwas wie Liebe auszulösen. Selbst Vereine, die öfter verlieren als gewinnen, behalten fast alle Anhänger. Man denke nur an 1860 München oder FC Sankt Pauli. Und auch das Erkalten der Liebe oder Untreue ist kein Beweis, dass es Liebe nicht gibt. Aber die Psychologie weiß auch, dass wir Menschen sehr schlecht darin sind, unsere Gefühle zu identifizieren und genau zu benennen.[26] Markenliebe ist vermutlich oft etwas anderes. Ein berühmtes Beispiel soll als Hinweis reichen: Eine Gruppe von Männern wurde von einer Forscherin zu einem unemotionalen Thema befragt. Später wurden die Männer von anderen Forschern zur

25 Weiss, Mathew: Why Brand Love Doesn't Really Exist, https://www.youtube.com/watch?v=GysR3dfFCh4,2016

26 Feldman Barrett, Lisa: How Emotions Are Made, The Secret Live of the Brain. Macmillan Verlag 2017

Attraktivität der Forscherin befragt. Es kamen neutrale bis gute Rückmeldungen. Eine andere Männergruppe musste eine lange wackelige Hängebrücke überwinden, traf dann auf die Forscherin und musste die gleichen Fragen beantworten. Bei dieser Gruppe wurde die Frau später als sehr attraktiv beschrieben, manche Männer waren regelrecht verliebt. Ein typischer Fall von Fehlzuordnung. Diese Männer hatten durch den Stress der Hängebrücke eine starke Ausschüttung von Hormonen erlebt, hatten gesteigerten Herzschlag und verspürten Erleichterung und Erfolg. Diese körperlichen Wahrnehmungen interpretierten sie nun als starke Hinwendung zur Forscherin.

Die Professorin Lisa Feldman Barrett berichtet von einer eigenen Erfahrung. Sie war mit einem Kommilitonen verabredet, obwohl sie ihn nicht sonderlich spannend fand. Das Abendessen verlief aber viel besser als erwartet. Sie fühlte eine starke körperliche Reaktion, ihr war warm geworden, und sie ließ sich jetzt doch gerne auf eine erneute Verabredung ein. Am nächsten Tag veränderte sich das Wärmegefühl in Fieber und sie war eine Woche ans Bett gefesselt. Sie hatte die Wärme auf den Bekannten bezogen und nicht gedeutet, dass eine Grippe erste Manifestationen zeigte. Aus der Beziehung wurde nichts. Kann die Markenliebe auch etwas anderes sein?

Bruns et al. argumentieren auch pro Brand Love und haben sich in einer Studie mit den Ausgangspunkten für Markenliebe beschäftigt.[27] Es sind sehr unterschiedliche. Und auch sie nennen die üblichen Verdächtigen, wie Harley Davidson, Apple, Samsung, Mini. Und auch sie stellen fest, dass es bei Brand Love vor allem um Außenwirkung geht. Aber auch sie bleiben den Beweis schuldig, dass die befragten Liebenden tatsächlich viele Marken lieben würden.

27 Bruns, Daniel; Langner, Tobias; Fischer, Alexander: The Origins of Brand Love: A Typology of Starting Points; in Marketing, 2/2017, Volume 39

Bei dem seltenen Pflänzchen von Markenliebe haben wir es sehr wahrscheinlich regelmäßig mit einem ganz anderen Effekt zu tun: Zentral ist, dass die Identifikation mit der Marke und die daraus folgende Aneignung, beziehungsweise der Besitz solcher Produkte/Marken den Besitzer stolz macht. Er spürt eine Erhöhung seines Selbstwertgefühls. Dies macht ein Produkt durchaus interessant und es fühlt sich deutlich besser an, das als Liebe zu erleben, denn als das Therapeutikum für einen Mangel an einer Ecke des Selbstwerts.

Echte Markenliebe ist, wie gesagt, ein sehr seltenes Phänomen, die meisten Marken schaffen nicht einmal hinreichende Loyalität. Extreme Gefühle für eine Marke sind rar und haben letztlich kaum einen Einfluss auf die Markenperformance. Ich verstehe gut, dass jeder engagierte Markenmanager seine Marke ganz besonders findet. Ich habe das selbst erlebt, fast egal welche Marke ich verantwortlich geführt habe. Selbst als ich in Australien für Sunsilk verantwortlich war. Eine rein weiblich positionierte Haarpflegemarke und Marktführer. Und meine engagierte Nähe ist etwas, das doch auch die Kunden fühlen sollen. Das stellt man intuitiv nicht in Frage. Warum sollte Karina nicht Sunsilk genauso gut finden, wie ich?

Aber auch wenn Polyamorie (Liebesbeziehungen zu mehreren Menschen gleichzeitig) gerade ein gesellschaftlicher Trend sein soll, wie viele Marken lösen bei Ihnen privat ein deutlich spürbares Gefühl der Liebe oder der Zuneigung aus? Und nicht einfach nur ein bisschen Stolz?

Vermutlich haben die meisten Menschen maximal eine Handvoll Marken, die man so interpretieren könnte. Von wie vielen Marken, die sie regelmäßig kaufen oder nutzen? Sehr wahrscheinlich viel weniger als ein armseliges Prozent. Denken Sie doch nur an den überquellenden Wochenendeinkaufswagen. Dann die ganzen Marken im Haushalt von brauner und weißer Ware, Handwerkszeug, Kleidung, Unterhaltungselektronik, Spielzeug und Sportgeräte. Die ganzen Serviceangebote von Medien, analog und im Internet. Der Versicherungs- und Bankordner. Wie kann es zu all den Marken in Ihrem Haus kommen, wenn Liebe der wichtigste Treiber sein soll?

Haben Sie an eine Modemarke gedacht, die Sie lieben? Prima. Am nächsten Wochenende gehen Sie bitte einmal bewusst durch den Kleiderschrank oder das Ankleidezimmer und schauen jedes Kleidungsstück an. Sie werden überrascht sein, wie viele Marken Sie tatsächlich tragen. Und wie gering der Anteil der gerade geliebten Marke ist. Machen Sie das unbedingt! Sie haben etwas davon. Sie können nämlich gleichzeitig ausmisten und das ist eine bewährte Methode, um sich besser zu fühlen (Simplify your Life) und wenn Sie doch fast alles von einer Marke haben sollten, dann kann man das behandeln.

Bleiben wir noch kurz bei der Liebe: Die Hauptfrage ist, wie schafft man es systematisch einen solchen Stolz auf den Besitz eines Love-Produktes durch Maßnahmen aufzubauen? Und woher kommt dieser Stolz? Denn auch wenn es Liebe sein sollte: das ist ein Ergebnis, nicht der Weg dorthin. Zwar versuchen Werbetreibende es immer wieder mit der Tür ins Haus zu fallen: liebe mich! Aber das funktioniert so nicht. Damit verhält es sich genau wie mit dem Vertrauen. Eine Anzeige „Vertrau uns" funktioniert auch nicht. Sonst würde die gerade hart abgestrafte Partei der Grünen vor der Bundestagswahl 2017 nur noch solche Plakate kleben. Vertrauen entsteht durch nicht enttäuschte Vertrautheit. Die seltenen Fälle echter Markenliebe hängen sehr wahrscheinlich mehr an der Persönlichkeit des Liebenden, als dass sie von Marketingmaßnahmen gezielt ausgelöst werden können. Wie dem auch sei, wenn die Marke ihre natürlichen Käuferverluste ausgleichen will, muss sie sich auf andere Maßnahmen fokussieren.

Aber vielleicht gibt es ja Vorstufen, die das Entstehen von Liebe zumindest begünstigen? Sind Kundenzufriedenheit, „Happiness" und Begeisterung die Treppenstufen zum Wolkenschloss Markenliebe?

Noch viel mehr als um Liebe hat sich das Marketing um die Emotion „Joy/Happiness“ gekümmert. Der einfachste Ansatz war, die Kundenzufriedenheit regelmäßig zu überprüfen und gegebenenfalls zu steigern. Die Literatur dazu ist geradezu endlos. Zufriedenheit der Käufer hat jedoch nur geringe Anreizwerte für neue Kunden, es sei denn, man selbst ist gerade sehr unzufrieden. Und wir gehen ungern aus Routinen heraus. Selbst wenn wir eigentlich unzufrieden sind. Denken Sie an Banken. Viel unzufriedener können Kunden kaum sein. Aber führt das zu großen Wanderungsbewegungen? Nein. Sonst könnten die Banken die Filialdichte nicht so ungestraft ausdünnen. Können sich die innovativen Bankenkonzepte, zum Beispiel honorarbasiert statt versteckter Gebühren, vor Neukunden nicht retten? Die Quirin Bank hat höchstens einen Achtungserfolg in der Nische. Wie die meisten Fintech-Unternehmen (Financial Services & Technology) leidet sie auch an mangelnder Salienz. Auch unzufriedene Bankkunden suchen nicht nach Alternativen. Sehr zum Ärger der hoffnungsvollen Fintech Startups. Soweit zur unmittelbaren Handlungsmotivation bei Unzufriedenheit.

Bequemlichkeit ist in manchen Märkten ein starker Schutz. FMCG-Marken sollten das auch wissen. Karina ist mit sehr vielen Marken zufrieden. Und kauft, ohne zu überlegen, die Alternative, die gerade im Angebot ist, die gerade bequem im Display bei ihrem Einkaufswagen steht oder die sie bei einer Promotion probieren konnte. Vor Jahren schien die Zufriedenheit mit den Fluggesellschaften etwas höher zu sein als heute. Wer mit der Lufthansa sehr zufrieden war, ist trotzdem mit Airberlin geflogen, wenn die Flugzeit besser passte. Deshalb wurde ja Miles & More erfunden, weil Zufriedenheit keine hinreichende Klebkraft hat. Miles & More aber verlor im Preiskampf seine Haltewirkung und wurde in Folge aus Kostendruck drastisch abgespeckt, sodass bei Economy Reisenden höchstens noch passiv gesammelt, aber keine Entscheidung mehr beeinflusst wird.

Und vielen ist deshalb Zufriedenheit als Umsetzung der Emotion „Joy/Happiness", also Glück, nicht genug. Folglich wird argumentiert, man müsse mehr als Zufriedenheit schaffen: Begeisterung oder zumindest „Customer Delight".[28] Deshalb gibt es auch die Idee, Marken Begeisterungsdimensionen hinzuzuaddieren, wie dies etwa im Kano-Modell angedacht und gemessen wird.[29]

Begeisterung kann durchaus zu „Word of Mouth" führen, eignet sich also theoretisch nicht nur bestehende Kunden zu halten, sondern darüber hinaus neue Kunden zu gewinnen. Das Problem ist, es reicht nicht im Nachhinein festzustellen, dass etwas Begeisterung ausgelöst hat. Es wäre sehr viel ökonomischer, wenn Begeisterung nicht durch trial & error, sondern durch systematisch entwickelte Maßnahmen erzeugt werden könnte. Aber was ist es, das Begeisterung auslöst?

Es besteht Einigkeit, dass Begeisterung ausgelöst werden kann, wenn etwas Unerwartetes mit einem Produkt oder einer Dienstleistung geliefert wird. Aber es muss etwas sein, das positiv beeindruckt. Aber wie häufig kann man etwas bieten, was unerwartet ist und gleichzeitig beeindruckt? Helfen würde eine gewisse Zielgruppendemenz. Die Biologie spielt aber nicht mit und verhindert Wahrnehmungsnaivität. Unser Gehirn gewöhnt sich schnell an ein neues Niveau, besonders schnell, wenn es eine positive Veränderung war. Und reagiert prompt nicht mehr mit weiteren Glücksgefühlen. Wenn Sie jedes Mal beim Griechen einen Ouzo bekommen, dann ist das bald sicherlich Teil der Erwartungshaltung und löst keine Begeisterung mehr aus. Einige Kunden würden sich vielleicht über einen überraschenden doppelten Ouzo freuen, aber das ist wieder ein anderes Thema. Und selbst wenn der Grieche jedes Mal etwas anderes springen

28 vgl. z.B. http://www.customerdelight.nu/content/04-artikelen/02-artikel-b/delightoliverrustberman.pdf

29 vgl. für eine Übersicht http://www.emeraldinsight.com/doi/abs/10.1108/09604521111100243

ließe, wäre es bald Ihre Erwartung und Teil des Gesamtkonzeptes „Grieche" geworden. Begeisterung durch positive Überraschung ist ein „one hit wonder", eine Eintagsfliege und keine Hitfabrik.

Aber vielleicht hilft uns Markenfaszination als Variante der Markenliebe weiter, um die Begeisterung der Käufer für die Marke zu steigern? Markenfaszination wird zwischenzeitlich fast synonym zur Markenliebe verwendet.[30] Sieht man sich an, welche Synonyme es für Faszination gibt, so nennt das Wiktionary[31] drei Bedeutungen:

1. anziehende Wirkung

2. Begeisterung, euphorisches Interesse

3. die Tat des Faszinierens, des Verhexens oder des Verzauberns; Verzauberung; Zauberkraft; die Ausübung eines mächtigen oder unwiderstehlichen Einflusses auf die Neigungen des Gemütszustand oder der Leidenschaft.

Eine Arbeitsgruppe „Languages of Emotion" an der FU Berlin unter Leitung von Martin Baisch und anderen sagt sehr viel weniger enthusiastisch: Faszination sei „ein emotional grundierter Zustand anhaltender Aufmerksamkeit".[32] Aufmerksamkeit auf eine Marke zu lenken ist unbedingt von enormer Bedeutung. Deshalb sagt auch Meg Caprera auf die selbst gestellte Frage: „What is Brand Fascination?": „Falls Sie einen Weg finden Ihre Marke faszinierend zu gestalten, durch das Entfachen der Aufmerksamkeit der Leute, sodass diese nicht aufhören können an die Marke zu denken oder über Ihre Marke zu sprechen, dann haben Sie einen massiven Wettbewerbsvorteil in einem überfüllten Marktplatz."[33]

30 vgl. z.B. http://brandfascination.com/

31 https://de.wiktionary.org/wiki/Faszination

32 http://www.loe.fu-berlin.de/zentrum/forschung/abgeschlossen/faszination/index.html

33 http://www.notey.com/@searchenginejournal_unofficial/external/12440426/how-to-build-an-online-community-by-megcabrera.html

Das ist sicher der Fall. Nur: wie macht man das? Wie löst man diese Aufmerksamkeit aus?

Fasst man diese Überlegungen zusammen, so erscheint Faszination als eine durch irgendetwas ausgelöste hohe Aufmerksamkeit, die dann (positiv) in einer Art von Verliebtsein münden kann. Verliebtsein ist heftig, aber meist nur relativ kurz ist. Wenn Verliebtheit dann in Markenliebe endet, umso besser. Aber auch hier stellt sich die Frage: Wie stellt man diese Faszination her?

Die New York Times Bestsellerautorin Sally Hogshead stellt in ihrem Buch „Fascinate“[34] eine Vielzahl von Regeln auf. Es sind dann aber letztlich wieder so viele Dinge, die Marketing gleichzeitig berücksichtigen soll, dass für mich die Faszination ein theoretisches Endziel geblieben ist, aber der Weg dahin extrem unterschiedlich sein kann. Die Hauptrouten zur Faszination sind nach Hogshead Innovationsmarken, Leidenschaftsmarken, Power/Dominanzmarken, Prestigemarken, Vertrauensmarken, Mythosmarken und Alertmarken. Letzteres kann ich schlecht übersetzen. Sie bündelt hier Marken, die mit vielen Details Rückmeldungen an die Nutzer geben und sie dadurch zum Handeln bewegen wollen. Darunter fallen einerseits Marken, die mit negativen Konsequenzen drohen, wie Versicherungen oder Vorsorgekliniken, und solche, die positives Verhalten motivieren sollen, wie zum Beispiel Fitnesstracker. Je nach Faszinationsroute hat Hogshead eine eigene semantische Markensprache aufgestellt und eine ganze Reihe von Standard-Marketingtaktiken definiert, die beim Aufbau der entsprechenden Faszinationspositionierung helfen sollen. Am Ende des Buches war ich dann mehr verwirrt als fasziniert. Und um alles noch komplizierter zu machen, müsste man auch noch unterschiedliche Bündel von Faszinationsmarken konstruieren können. Power und Innovation (Amazon). Innovation und Mythos (Apple). Power und Prestige (Porsche). Prestige

34 Hogshead, Sally: Fascinate - How to Make Your Brand Impossible to resist, Harper Business, 2016

und Leidenschaft (Tiffanys). Oder gar Dreier-Kombinationen. Faszination ist insofern ähnlich wie das Lovebrand-Konzept. Es wirkt als Endziel sehr überzeugend. Das möchte man doch, dass die Kunden die Marke lieben und/oder faszinierend erleben. Nur ist das hinreichend sicher erreichbar? Und wie hilfreich ist es tatsächlich einem Einhorn hinterherzujagen, das man mit höchster Wahrscheinlichkeit nicht planbar finden wird? Hilft es, uns die Marke mit dem auszustatten, was wirklich verkauft? Erinnern wir uns an die Erkenntnisse von Sharp und anderen und an unser eigenes Kaufverhalten. Da ist in der Praxis tatsächlich wenig stürmische Liebe oder sehnsüchtiges Verlangen oder eine verzauberte Faszination (Hogshead: spellbinding fascination).

Versuchen wir es stattdessen mal mit der Überraschung als ambivalente Emotion: Wenn man die relativ banale Emotion „Interesse“ weglässt, gibt es noch eine Basisemotion, die im Marketing als Ansatz verwendet wurde und wird: Überraschung. Eine Überraschung ist das Erleben unvorhergesehener Situationen, Gefühle oder Begegnungen, unerwarteter Worte, Geschenke und ähnlichem, also eine spezifische Form der Abweichung von Erwartungen. Das bedeutet eine große Ähnlichkeit zu den Begeisterungsdimensionen Kanos, denn Begeisterung ist immer auch mit Abweichungen von Erwartungen verbunden. Es gibt auch ziemlich viel Literatur zur Umsetzung dieser Emotion als Überraschungsmarketing.[35] Einige Produkte wie Wundertüten oder Ferrero Kinderüberraschung nutzen diese Emotion als Teil eines Produktkonzepts. Allzu viele Marken kann man hier aber vermutlich nicht entwickeln: Die meisten Konsumenten wollen wissen, was sie kaufen sollen. Deshalb ist Überraschung als Produktkonzept

35 z.B. Vanhamme, Joell:,Surprise... Surprise..., an Empirical Investigation on How Surprise is Connected to Customer Satisfaction (November 2003 (2). ERIM Report Series Reference No. ERS-2003-005-MKT,
Derbaix, Christian; Vanhamme, Joell: "Inducing Word-of-Mouth by eliciting surprise: a pilot investigation", Journal of Economic Psychology, 24 (1), 99-117. 2003
Vanhamme, Joell; De Bont, Cees: "Surprise gift purchases: customer insights from the small electrical appliances market", Journal of Retailing, 84 (3), 354-369. 2008

bislang kaum über den Kindermarkt hinausgekommen. Vielleicht eignet sich ja die Gastronomie dafür. Zum Beispiel mit dem „Dinner in the Dark"-Konzept, das die Aufmerksamkeit so stark fokussiert, dass Genuss besonders verstärkt wird, allerdings auch Ekel, wenn etwas dabei ist, das man gar nicht leiden kann. Aber neben dem Abwechslungsfaktor, wie oft möchte man beim Essen gehen so überrascht werden? Natürlich wird Karina gerne von Max mit einer Einladung in ein gutes Restaurant überrascht werden wollen. Dort wird sie aber lieber selber wählen, es sei denn sie hat so großes Vertrauen in Max, dass der weiß, was sie wollen würde. Ohne zu viel zu verraten: Die meisten Frauen haben wenig Zutrauen in diese Fähigkeit bei ihren Partnern, die vielen Fehlgriffe bei Geschenken sprechen eine zu deutliche Sprache.

In der Regel ist die Überraschung deshalb ein „Add-on" zu einem Produkt, also eine Zusatzleistung, die mit dem eigentlichen Produkt (oder der Dienstleistung) im Grunde wenig zu tun hat. Der Gedanke, Überraschung als Marketinginstrument anzubieten, ist nachvollziehbar: Überraschungen (als Add-on) lösen Aufmerksamkeit aus. Dadurch wird habitualisiertes Verhalten unterbrochen, eventuell ein neuer Entscheidungsprozess ausgelöst. Und so kann eine Verhaltensänderung erleichtert werden: die Marke hat die Chance, eher gekauft zu werden.

Das Problem ist nur, dass es nicht einfach ist, Verbraucher positiv zu überraschen. Und es ist teuer. Sieht man in der Literatur nach, was dort als Überraschung gedacht war, so ist dies zum Beispiel ein klappbarer Löffel als überraschende Zugabe zu einem Joghurt[36], ein kostenloses Buch zusätzlich zu einem Angebot Museen virtuell zu besuchen oder ein unerwartetes Geschenk.[37]

36 Vanhamme, Joell:,Surprise... Surprise..., an Empirical Investigation on How Surprise is Connected to Customer Satisfaction (November 2003 (2). ERIM Report Series Reference No. ERS-2003-005-MKT, S. 23

37 Vanhamme, Joell; De Bont, Cees: "Surprise gift purchases: customer insights from the small electrical appliances market", Journal of Retailing, 84 (3), 354-369. 2008

Überraschungen sind nur das erste Mal wirklich überraschend, schon die zweite Konfrontation mit dem Objekt ist nicht mehr ganz so überraschend. Für eine dauerhafte Marketingmaßnahme ist dies wenig geeignet, zudem ist die Reaktion der Verbraucher nicht immer positiv, wenn sie nämlich das Gefühl haben, für die (positiv gedachte) Überraschung indirekt doch zahlen zu müssen. Das ist etwa der Fall, wenn man vom Stromanbieter eine Musik-CD bekommt, wie dies Yellow vor längerer Zeit gemacht hat: Viele Leute haben sich über diese unerwartete Überraschung geärgert. Aber ist Überraschung überhaupt eine Emotion wie Liebe, Vergnügen oder Angst?

Überraschung steht ja zwischen negativen und positiven Emotionen, oder, wie man auch sagen kann, zwischen „pleasure and pain". Überraschung löst Aufmerksamkeit aus und führt dann – je nach Bewertung des überraschenden Objekts – zu anderen Emotionen: positiven oder negativen. Es ist also ein Auslösemechanismus, auf den eine andere Emotion folgt. Bekomme ich unerwartet ein Paar Socken zusätzlich zu einem Paar gekaufter Schuhe, so wird dies positive Emotionen auslösen, solange der gezahlte Preis auch als günstig angesehen wird. Spätestens beim dritten Mal aber wird diese „Zugabe" erwartet und es tritt Enttäuschung ein, wenn sie nicht erfolgt.

Als der Bertelsmann Buchclub Ende der 1990er Jahre immer größere Schwierigkeiten bekam, neue Mitglieder zu gewinnen, versuchte man die bestehenden Mitglieder stärker zu binden. Natürlich wurde auch Überraschungsmarketing eingesetzt. So hat man ausgesuchten langjährigen Mitgliedern zum Geburtstag einen Blumenstrauß nach Hause geschickt. Eine ziemlich teure Maßnahme, die man dementsprechend auch sorgfältig beobachtet und analysiert hat. Die Bindung hat sich allerdings nicht verändert. Die Mitglieder mit Geschenk verhielten sich in der Folge nicht anders, als Mitglieder ohne Geschenk. Weder im Kaufverhalten noch im Kündigungsverhalten. Schade für den deutschen Blumenhandel, das wäre wirklich ein blühendes Geschäftsmodell geworden.

Trotzdem ist der Überraschungsmechanismus grundsätzlich interessant. Wenn ich überrascht werde, beachte ich das Objekt, das die Überraschung ausgelöst hat. Überraschung kann damit als Intervention, als Schlüssel dienen, um das Ausblenden zu durchbrechen und neu zu denken. Dann wäre aber nicht die Überraschung selbst von Interesse, sondern ob sich damit im Zusammenhang eine Änderung der Markenwahrnehmung besser erreichen ließe. Und ob der Überraschte dies eventuell auch Bekannten erzählt. Aber wir hatten ja festgestellt, dass Überraschung kein uneingeschränkt guter Mechanismus ist, weil er sehr schnell verbraucht ist. Und ein großer Teil der Marketingherausforderung ist es ja gerade, kontinuierlich für Salienz bei der Zielgruppe zu sorgen. Und dafür gibt es tatsächlich etwas deutlich spannenderes, nämlich unsere Kunden zum Staunen zu bringen.

7. EFFIZIENZ: EIN ECHTER VORTEIL IST NIE VON NACHTEIL

Jetzt betreten wir für viele vermutlich Neuland. In den letzten Kapiteln haben wir gesehen, dass im Information Overload viele heißgeliebte Instrumente vermutlich, wenn überhaupt, nur zeitlich begrenzt funktionieren und dass Ziele wie Lovebrand, Faszinationsmarken oder Überraschungsmarketing zwar emotional berührende Ziele für das Marketing sind, aber extrem selten und damit nicht zielgerichtet zu erreichen sind. Und sie bergen das Risiko, uns von den wirklich wichtigen Zielen für gesundes Markenwachstum abzulenken.

Staunen habe ich als neues Konzept für die Erzielung von Aufmerksamkeit angesprochen, bin dann aber nicht tiefer eingestiegen, sondern habe das zunächst gegen andere, teils sehr ähnliche Konzepte abgegrenzt. Ein Problem bei der Vorstellung von Staunen ist, dass es einerseits kein besonders souverän erscheinendes Konzept ist. Wer staunt, zeigt scheinbar eine kindliche Seite. Und dass man theoretisch mit allem Möglichen kurzfristig Staunen auslösen kann, aber damit nicht unbedingt die Marke dauerhaft voranbringt. Zum Beispiel wenn sich das Staunen vor allem auf die Nachricht (-sform) bezieht und nicht an die Marke gekoppelt ist. Und das ist eine ernstzunehmende Limitierung. Wir haben das Staunen vor Jahren entdeckt und uns dann intensiv damit beschäftigt, wie Staunen aussehen muss, damit es der Marke hilft. Und haben dabei viele schöne wirksame Beispiele gefunden – aber eben auch ganz unsinnige Markenaktionen, die den Betrachter total erstaunt, aber auch verwirrt zurücklassen. Wir haben alles daran gesetzt, Mechaniken zu erkennen und zu verstehen, die positiv wirksames Staunen von dem Rest trennen. Und wie so oft kommt bei Innovationen der Zufall zu Hilfe. Wir sind in einem anderen Zusammenhang auf ein interessantes

Fachbuch eines amerikanischen Psychologie-Professors gestoßen, der eine andere Motivationshierarchie vertritt. Und als wir seine Theorie mit Staunen in Zusammenhang gebracht haben, entstand für uns ein echter Heureka-Moment.

Die Einordnung und Herleitung ist nicht ganz unkompliziert. Bitte bleiben Sie dabei, es lohnt sich. Bedeutungen wie Effektivität und Effizienz, die wir vor allem in der Betriebswirtschaft verwenden, haben auch in der Verhaltenssteuerung einen großen Einfluss. Sie werden im Folgenden immer wieder zwischen dem gelernten betriebswirtschaftlichen Verständnis und der anders gelagerten psychologischen Interpretation hin und her geworfen werden. Wichtig ist nur, dass Sie sich dessen immer wieder bewusst werden.

Effektivität oder besser Effizienz im Sinne einer Selbstoptimierung als Motivator jenseits von „pleasure and pain“: Wir haben gesehen, dass es zwei (mit Überraschung drei) Gruppen von Basisemotionen gibt: positive, die man zu erreichen sucht wie Vergnügen oder Liebe, wir nennen sie vereinfacht „pleasure“ und negative wie Angst, Ekel und so weiter, die man zu vermeiden trachtet, kurz „pain“. Statt von Emotionen spricht man deshalb auch von Motivatoren: die einen (pleasure) sucht man zu gewinnen, die anderen (pain) versucht man zu vermeiden. Alle Produkte, alle Marken versprechen, pleasure herbeizuführen und/oder vor pain zu schützen.

Nun gibt es Psychologen, die davon ausgehen, dass pleasure und pain nicht die zentralen Motivatoren sind, sondern dass es einen sehr viel wichtigeren dritten gibt: Effektivität. Vor allem Edward Tory Higgins von der Columbia University hat sich intensiv mit diesem Thema beschäftigt.[38] Wie kommt er darauf, dass Effektivität, also Wirksamkeit, ein zentraler Motivator ist?

38 Higgins, Tory: Beyond Pleasure and Pain, How Motivation Works, Oxford University Press, 2013

Wenn man etwas Grundlegendes belegen will, muss man an den Anfang gehen. Dies macht Higgins mit der Genesis, der Geschichte von Adam und Eva. Beide lebten im Garten Eden in einer Welt, die nur Vergnügen kannte, keinen Schmerz. Und dennoch waren sie ungehorsam, aßen „vom Baum der Erkenntnis“ und mussten deshalb das Paradies verlassen. Sie gaben also ein Leben in nicht-endendem Vergnügen auf, weil sie Erkenntnis, Wissen gewinnen wollten. Wissen, was Wirklichkeit ist, was Wahrheit und Lüge, was Realität oder Fantasie, was gut und was böse ist.[39]

Als Psychologe hat Higgins selbstverständlich eine Vielzahl von Experimenten durchgeführt, um diese These zu prüfen und mehr zu erfahren über das, was Menschen motiviert. Aus seiner Sicht wollen Menschen vor allem erfolgreich sein (bitte nicht automatisch als wirtschaftlich erfolgreich verstehen) bei dem, was sie tun. Und sie wollen kontrollieren (im Sinn von im Griff haben), was in ihrem Leben passiert. Pleasure und Vermeidung von pain sind für ihn eher Feedback-Signale, ob das, was Menschen getan haben, effektiv war. Es gibt für ihn drei Ausprägungen von Effektivität:

1. Menschen wollen effektiv darin sein erwünschte Ergebnisse zu erzielen,
2. sie wollen effektiv darin sein zu erkennen, was wahr und was falsch ist,
3. und sie wollen wirksam kontrollieren/steuern, was in ihrem Leben passiert.[40]

Um erwünschte Ergebnisse effektiv, also erfolgreich, zu erreichen, nimmt man auch schmerzhafte Erfahrungen in Kauf. Ohne

39 Ebenda:, S. 3 ff

40 vgl. Higgins, Tory: Beyond Pleasure and Pain, How Motivation Works, Oxford University Press, 2013 pp 69-196

Schmerz besteigt man keinen Achttausender im Himalaya, ohne Hunger zu verspüren, nimmt man nicht ab, ohne ein gewisses Ekelgefühl reinigt man nicht verschmutzte Toiletten. Alle Produkte oder Dienstleistungen, die Menschen kaufen, sind Mittel, um bestimmte Ziele überhaupt, oder besser als ohne sie, zu erreichen. Für uns im Marketing ist deshalb sicherlich die erste Ausprägung von Effektivität am wichtigsten. In der Psychologie gibt es die Selbstwirksamkeitsmotivation, die sich mit dieser Form der Effektivität überschneidet.

Wissenschaft, Religion, politische Ideologien, aber auch Verschwörungstheorien versuchen Antwort auf die Frage, was wahr und was falsch ist, zu geben. Allerdings mit ganz unterschiedlichem Erfolg. Medien vermitteln dann diese Wahrheiten. Nur wenn man die (vermeintliche) Wahrheit kennt und sich derer sicher ist, kann man auch entsprechend zielgerichtet handeln. Man möchte also zumindest häufiger wissen, wie die Realität aussieht, es sei denn, man möchte ihr an bestimmten Stellen bewusst nicht in die Augen schauen. Ein Modell zu haben, wie Dinge funktionieren, entlastet ungemein, man braucht sich dann mit diesem Feld nicht intensiver zu befassen und kann handeln. Medienmarken bedienen nun diese Realitätsmodelle entsprechend ihrer Zielgruppen, von Breitbart bis New York Times. Von Fox News bis Tagesschau. Aber auch andere „Wahrheiten" helfen, sich im Leben einfacher zu orientieren. Vegan oder Steinzeitdiät liefern solche Vorlagen, die Sicherheit des Handelns vermitteln, und die die „Jünger" vor weiterer anstrengender Beschäftigung mit dem komplexen Thema Ernährung und Herstellung von Lebensmitteln verschonen. Letzteres überschneidet sich bereits mit der dritten Form von Effektivität.

Das ist die Effektivität in Kontrolle zu sein, sein Leben im Griff zu haben und spielt im Marketing ebenfalls eine Rolle. Man möchte den Verführungen süßer Speisen oder des guten Essens allgemein entgehen und sein Gewicht kontrollieren, man möchte sich normkonform verhalten und unmoralischen Impulsen Widerstand entgegensetzen. Man möchte sein Auto perfekt beherrschen und kauft deshalb bestimmte Reifen oder Stoßdämpfer. Menschen versuchen ihr Verhalten, ihren Zustand oder auch ihre Emotionen zu kontrollieren. Sie trinken Kaffee, um wacher zu sein und Bier, um zu entspannen, lassen den Wecker läuten, um pünktlich wach zu werden. Produkte erleichtern diese Kontrolle oder machen sie erst möglich.

NICHT EFFEKTIVITÄT, SONDERN EFFIZIENZ IST DER ZENTRALE MOTIVATOR BEIM KAUFVERHALTEN.

Aber ist das, was Higgins mit Effektivität meint, auch das, was wir für eine Anwendung im Marketing benötigen? Denn damit hat sich Higgins nicht direkt beschäftigt. Er hat sein umfangreiches Fachbuch genutzt, um seine neue Motivationstheorie gegen die bisher favorisierten detailliert zu verteidigen.

Im Internet gibt es eine Seite, die „Eselsbrücken“ anbietet. Darin wird gesagt: Effektiv bedeutet „das Richtige zu tun“. Effizient ist es aber erst, wenn man das Richtige richtig tut! Beispiel: Ein Feuer bei einer Veranstaltung mit Champagner zu löschen ist effektiv. Es hat den Effekt, dass das Feuer gelöscht ist. Effizient ist es nicht, denn mit Wasser wäre es wesentlich günstiger. Higgins hat sich nicht mit Produkten, sondern ausschließlich mit menschlicher Motivation beschäftigt. So erwähnt er beispielsweise die Arbeiten von Karl Groos und Jean Piaget, zwei Pionieren der Forschung über das kindliche Spiel. Diese beobachteten, „dass es Kindern besonderen Spaß macht sich als Hersteller von Effekten zu erleben. Besonders etwas dramatisches, wie etwa Krach machen oder in Pfützen auf und ab zu springen, und sie haben ein besonderes Interesse an Objekten die sie mit ihren eigenen Bewegungen beeinflussen können“.[41]

41 Piaget, Jean; Inhelder, Bärbel: The psychology of the child. Basic Books, 1969

Piaget: „Genau wenn ein Kind schaut, um zu schauen, etwas anfasst, um anzufassen, seine Arme und Hände bewegt (und danach hängende Objekte schüttelt und seine Spielzeuge) macht es Aktivitäten die ein Selbstzweck sind, denn alles sind Übungsspiele, und diese sind nicht Bestandteil einer Serie von Aktionen, die von jemand anderem aufgedrückt wurden oder von außen kommen. Diese haben ebenso wenig ein externes Ziel als die folgenden motorischen Übungen wie Steine in einen Teich zu werfen oder Wasser von einem Wasserhahn spritzen zu lassen, hüpfen und so weiter, die immer als Spiele eingestuft werden."[42]

Was sagt uns das? Das belegt zunächst, dass der Motivator Effektivität selbst beim zweckfreien kindlichen Spiel eine Rolle spielt. Kindliches Spiel hat zwar keine externe Zielsetzung wie zum Beispiel Lernen. Aber wenn ein Kind Produkte verwendet, um im Spiel etwas zu tun, so wird es ein Produkt bevorzugen, das das, was es tun will, besser macht als andere. Wenn es eine Puppe auswählen kann, wird es eine wählen, die seine Zielsetzung, zum Beispiel Erwachsene im Rollenspiel nachzuahmen oder ein eigenes Baby zu betreuen, besser verkörpert. Eine Barbie-Puppe ist als Verkörperung eines zu stillenden Kindes nicht so ganz geeignet. Wendet man also Higgins Ideen auf Produkte an, ist Effizienz der richtige Begriff. Aber Vorsicht: Die „Offenheit" eines Stücks Holz im Spiel als Verkörperung verschiedenster Charaktere kann auch Effizienz beinhalten! Personalmanager nutzen dieses Stück Holz gerne, um bei Bewerbern die Kreativität einzuschätzen. „Sie sind auf einer einsamen Insel gestrandet, Sie haben nur ein Stück Holz. Was können Sie alles damit machen? Sie haben dreißig Sekunden."

Es mutet auf den ersten Blick seltsam an, dass der so technisch oder betriebswirtschaftlich geprägte Begriff Effizienz so eng mit

42 zit. nach Higgins, Tory: Beyond Pleasure and Pain, How Motivation Works, Oxford University Press, 2013 S. 37-38

den psychologischen Begriffen Motivator und Emotion verbunden sein soll. Aber sehen wir uns dies an einem Beispiel an.

Ein Steinzeitmensch, der das erste Mal gesehen und verstanden hat, was man mit einem Speer machen kann, wird davon überrascht und ziemlich beeindruckt sein. Mit dem Speer kann er eine große Beute ohne allzu große Gefahr für das eigene Leben erlegen, damit Fleisch für längere Zeit gewinnen und so sein Überleben und das seiner Sippe sichern. Das Produkt, der Speer, weicht von dem ab, was er kennt (zum Beispiel eine Keule), also von seinen Erwartungen. Und er erledigt die Zielsetzung effizienter als die Keule, die selbst zwar durchaus effektiv, aber weniger effizient ist. Der Aufwand den Speer herzustellen, ist überschaubar, aber die Wirkung und damit seine Nutzen-Kostenrelation enorm. Er stellt eine drastische Selbstoptimierung dar, weil der Nutzer nun Zeit für anderes gewinnt. Sehen andere Mitglieder seiner Sippe, was er nun machen kann, dann werden sie ihn zunächst bewundern, dann aber auch versuchen, selbst zu so einer Waffe, solch einem Produkt zu kommen. Diese Selbstoptimierung spielt bei jedem Produkt die zentrale Rolle.

Springen wir in die Neuzeit: Wenn jemand einen Partner sucht, muss das Online-Portal dies effizient leisten. Und zwar überhaupt – besser als ohne und besser als andere. Wenn ein Portal dies glaubwürdiger verspricht, zieht es mehr Kunden an, eben weil es den Nutzer effizienter macht bei seiner Suche. Wenn Menschen einen Nachbarn beeindrucken wollen, muss das Auto oder der Garten dies möglichst effizient, also kostengünstig und „richtig" erreichen. Eine Einparkhilfe macht das Einparken sehr einfach und elegant und befreit den nervösen Autofahrer effizient von einer Bürde. Der Edeka-Verkäufer hilft effizient die beste Wahl beim Kauf zu treffen. Dabei darf aber der Begriff Effizienz nicht im eingeschränkten betriebswirtschaftlichen Sinn verwendet werden, etwa wenn es heißt: Beim Wohnungsbau und der Stadtplanung geht es heute nur noch um Effizienz. Und die uns interessierende Form der Effizienz hat einige interessante Facetten.

EFFIZIENZ UND SCHÖNHEIT VON ALLTAGSPRODUKTEN.

Dass Stärkung der Effizienz der wichtigste Motivator sein soll, ist für jemanden, der einen betriebswirtschaftlichen Hintergrund hat und in der Psychologie von Menschen eher irrationale, emotional geprägte und wenig nachvollziehbare Dinge sieht, schon harter Tobak. Auch weil die Psychologie häufig noch die Erkennung und Behandlung von abweichendem Verhalten im Fokus hat.

Noch seltsamer wird es, wenn man sich empirische Studien über Kunst oder Design ansieht und dann Aufsätze liest, in denen Effizienz und Schönheit bei Produkten in direkte Beziehung gesetzt werden, wie dies etwa Odette Da Silva, Nathan Crilly und Paul Hekkert machen.[43]

Sie nennen das Prinzip „maximum effect for minimum means“ (MEMM). Voraussetzung für die Geltung dieses Prinzips ist, dass eine „means-effect“-Beziehung zwischen dem Produkt und dem intendierten Ziel besteht. Wenn ein Designer einen intendierten Effekt erzielt und es wird sichtbar/verständlich, dass er diesen Effekt mit minimalen Mitteln erreicht, dann wird dies auch als hoch ästhetisch bewertet. Dies gilt nach Ansicht der Autoren nun nicht nur für Designprodukte: „Viele unterschiedliche Arten von Dingen werden ästhetisch bewundert selbst wenn sie keine übliche Form darstellen oder wo es gerade nicht die Form ist, was als schön bewundert wird. Beispiele beinhalten literarische Metaphern (Kaplan & Kris, 1948; Ramachandran & Hirstein, 1999), logische Argumente (Walsh, 1979), wissenschaftliche Theorien (Orrell, 2012), wissenschaftliche Experimente (Crease, 2004; Johnson, 2009), Spielzüge im Schach (Margulies, 1977), mathematische Herleitungen (Hardy, 1967) und selbst kriminelle Taten (Black, 1991).“[44]

---

43 Da Silva; Odette; Crilly, Nathan; Hekkert, Paul: Beauty in Efficiency: An Experimental Enquiry Into the Principle of Maximum Effect for Minimum Means. In: Empirical Studies of the Arts, 2017, Vol. 35(1) S. 93–120.

44 Da Silva et al. 2017, S. 94, alle Literaturangaben darin

Der Effekt, die Wirkung eines Produktes, wird als maximal beurteilt, wenn es mehr als nur eine praktische Funktion ausübt, dies im Vergleich zu anderen bekannten Produkten. Der minimale Einsatz wird erreicht, wenn Ressourcen „ausgebeutet" werden, die ohnehin im Produkt bereits angelegt sind, insbesonders einfache Mechanismen oder intuitive oder anstrengungslose Interaktionen. Als Beispiel kann die bekannte Vase von Jim Rocos stehen. Die Zielsetzung der unten gezeigten Vase ist es, nicht nur die Blume effektvoll auszustellen, sondern auch daran zu erinnern, wenn Wasser nachgegossen werden muss. Die Transparenz der Vase macht dies schon deutlich, aber noch mehr die Neigung der Vase, die sich bei sinkendem Wasserstand durch ihre intrinsische Instabilität immer stärker nach unten neigt. Sobald dies verstanden wird, verstärkt das die Attraktivität der Vase. Es ist nicht nur ihr Aussehen, sondern noch mehr die raffinierte Gestaltung, die diesen Effekt auf die Attraktivität hervorruft.

In empirischen Tests zeigen die Autoren, dass Effizienz im Sinne des Prinzips des „maximum effect for minimum means" tatsächlich – vor allem auch im Vergleich zu Alternativerklärungen – das zentrale ästhetische Prinzip für das Design darstellt.[45] Langsam weicht die Skepsis, Effizienz ist tatsächlich ein wichtiges Prinzip.

45 vgl. Da Silva; Odette; Crilly, Nathan; Hekkert, Paul: Beauty in Efficiency: An Experimental Enquiry Into the Principle of Maximum Effect for Minimum Means. In: Empirical Studies of the Arts, 2017, Vol. 35(1)

Dieses MEMM-Prinzip kann man auch bei Marken erkennen. Effizienz kann auch durch ein Erleben von Einfachheit entstehen. Die Beratungsgesellschaft Siegel+Gale veröffentlicht seit 2009 den Global Brand Simplicity Index. Dieser reiht Marken auf Basis ihrer Einfachheit in der Kundenerfahrung oder ihrer Komplexität auf. Die führenden Marken mit sehr einfachem Kundeninterface outperformen im Markt den Rest um mehr als das doppelte. Beispiele: Google, Netflix, Amazon, Publix. Potenzielle Distruptoren: dollar shave club, Uber, Spotify.[46]

Aber welche psychologischen Folgen hat niedrige, beziehungsweise wahrgenommen (!) hohe Effizienz?

STÄRKUNG DES SELBSTWERTGEFÜHLS ALS FOLGE VON MEHR EFFIZIENZ.

Wenn man in ein Parkhaus fahren will, musste man früher mit der linken Hand das Fenster herunterkurbeln, dann den Parkschein ziehen und schließlich das Fenster hochkurbeln. Das ist durchaus möglich, war aber oft wenig elegant anzusehen. Ein elektrischer Fensterheber erledigt keine Aufgabe, die ein Mensch nicht auch könnte, aber er erledigt die Aufgabe eleganter. Jemand der heute noch kurbeln muss, wirkt unbeholfen, bemitleidenswert. Außer vielleicht im gut restaurierten Jaguar E-Type. Und fast nichts ist schlimmer als peinlich aufzufallen. Fragen Sie Ihre Kinder oder Azubis.

Eine Aufgabe in diesem Sinn sichtbar wenig effizient zu erledigen, wirkt schnell peinlich und beeinträchtigt das Selbstwertgefühl. Wir haben also drei verschiedene Hebel, an denen die Effizienz ansetzen kann:

1. Dem Endergebnis, das erreicht werden soll. Hat man dieses Ergebnis erzielt, stärkt dies das Selbstwertgefühl (Effektivität).

46 Havard Business Review 9.11.2015 Why simple Brands win

2. Den Prozess, der zu diesem Ergebnis führt und dessen Effizienz maßgeblich ist. Diese Prozesseffizienz führt zu dem Gefühl, etwas richtig gut gemacht zu haben und damit zu einem verstärkten Selbstwertgefühl.

3. Der Außenwirkung: Wird eine Person mit einer besonders effizienten Zielerreichung identifiziert, verändert dies ihre Wahrnehmung durch das soziale Umfeld. Das Produkt wird dann sozusagen Visitenkarte. Eine positive Wahrnehmung im sozialen Umfeld führt wieder zu einer Steigerung des Selbstwertgefühls.

Und das ist, wenn man wie wir Edward L. Deci und anderen glaubt, das wichtigste psychologische Grundbedürfnis des Menschen.[47] Ein Produkt, das das Selbstwertgefühl zu erhöhen verspricht, wird sehr begehrt, vielleicht manchmal sogar geliebt. Dann entsteht (im optimalen Fall) so etwas wie Markenfaszination, also Markenverliebtheit oder dauerhaftere Markenliebe.

Nach der „Self-Determination Theory of Motivation and Human Needs“ von Deci gibt es neben den physiologischen Bedürfnissen (zum Beispiel Entspannung versus Stimulation) vor allem drei psychologische Bedürfnisse:

1. Autonomie und Selbstbestimmung

2. Kompetenz und Wirksamkeit

3. Relatedness, also Zugehörigkeit

Menschen wollen attraktiven sozialen Gruppen angehören und nicht ausgeschlossen werden, sie wollen als kompetent angesehen werden, zumindest in Bereichen, die ihnen wichtig sind. Und sie wollen nicht direkt von anderen abhängig sein, sondern autonom handeln können. Wird eine dieser Dimensionen verletzt,

---

47 z.B. Deci, Edward; Ryan, Richard: Self-Determination Theory: A Macrotheory of Human Motivation, Development, and Health, In: Canadian Psychology 49, 182–185. 2008

geht Selbstwertgefühl verloren. Es mag sein, dass diese Dimensionen nicht unabhängig voneinander sind: Vielleicht hilft eine gewisse Kompetenz die Zugehörigkeit zu Gruppen zu fördern. Und vielleicht benötigt man das Gefühl, irgendwo dazuzugehören, bevor man Autonomie anstreben kann. Ein Produkt, das aber das eigene Selbstwertgefühl erhöht, wird sehr begehrt, vielleicht sogar geliebt. Werden diese psychologischen Bedürfnisse nicht befriedigt, so führt dies zu einem mangelnden Selbstwertgefühl.

Diese Theorie ist sehr gut geprüft und korrespondiert mit einer Fülle anderer Theorien, etwa der Bedürfnishierarchie von Abraham Maslow, wenn man physiologische Bedürfnisse weglässt. Sie ist jedoch auch vereinbar mit Theorien soziologischer Provenienz (Statustheorien etc.). Es ist offensichtlich, dass eine Marke, die das wichtigste psychologische Bedürfnis befriedigt, also das Selbstwertgefühl erhöht, fast therapeutischen Charakter hat und damit alles andere als ein „low interest product" ist.

Ein Produkt, das Karina dazu verhilft, eines ihrer Ziele viel effizienter zu erbringen als andere, beeindruckt sie und das führt dazu, dass es an (Kauf-) Attraktivität gewinnt. Kann Karina mit Hilfe des Produkts etwas schneller, einfacher und kostengünstiger erledigen, dann wird auch ihr Selbstwertgefühl positiv beeinflusst. Auch ohne jegliche Außenwirkung. Aber sollte sich ihre Wahrnehmung durch ihre beste Freundin positiv verändern, würde das ihr Selbstwertgefühl noch weiter steigern.

Eine der anstrengendsten Phasen für das Selbstwertgefühl sind die ersten Jahre einer jungen Mutter. Sechs von zehn Müttern geben an, dass sie Erziehungsratschläge bekommen haben, alles von Disziplin bis Stillen. In der Regel ungefragt und vor allem aus dem nächsten Familienumfeld. Und weniger in unterstützender Form, als in deutlich empfundener Kritik. Besonders hilfreich werden in dieser Phase die Unterstützung von Hebammen und Kinderärzten empfunden, wenn diese Ratschläge auf dem neuesten Stand der Wissenschaften geben können. Für Marken eine Zeit, in der sie mit wirklich gutem Content die Effizienz der Mütter unterstützen können. Und damit das fragile Selbstwertgefühl der Mütter wieder aufrichten helfen.

Der Anhänger eines Fußballvereins gewinnt an Selbstwertgefühl allein durch das Gefühl, Teil einer attraktiven Gruppe zu sein. Glaubt ein „Ultra" durch seine Choreographie werde das Ergebnis positiv beeinflusst, wirkt dies noch stärker. Dabei sind bestimmte Sportarten wie Fußball effizienter als andere. Ist der Verein erfolgreich, erhöht er seine Attraktivität für aktuelle und potentielle Fans. Durch Trikots, Schals, begrenzt sogar durch Bettwäsche in Vereinsfarben kann er seine Zugehörigkeit nach außen sichtbar machen. Das Gefühl der Gruppenzugehörigkeit wird sehr viel stärker und relevanter, wenn es echte „Feinde" gibt.

Das ist im Sport fast immer gegeben, für Marken außerhalb des Sports ist dies nur wenig genutzt worden. Beispiele dafür sind oder waren eventuell (und auf relativ gemäßigtem Level) Apple gegen Windows und jetzt auch Android, Rolling-Stones- gegen Beatles-Anhänger, Saab gegen Masse, Harley Davidson gegen das Establishment (Ein Brüller, wenn man weiß, dass vor allem ältere Etablierte mit diesen teuren Geräten unterwegs sind), Cola gegen Pepsi, fritz-kola gegen das, „was die großen Brausekonzerne zu bieten haben", adidas versus Nike.

Aber zurück zu Effizienz als wichtigem Treiber für Selbstwert: Wenn ein Mensch durstig ist und er hat mehrere Getränke zur Auswahl, wird er wohl das wählen, was seiner Meinung nach den Durst möglichst schnell und dauerhaft, also effizient reduziert. Das hat Coca Cola jahrelang glaubwürdig versprochen, obgleich der Zuckergehalt dem nicht unbedingt Vorschub leistet. Und Cola hat einen für viele attraktiven Geschmack. Nur erhöht das noch nicht das Selbstwertgefühl. Aber Cola verspricht mehr, nämlich Teilnahme an einem bestimmten attraktiven „Lifestyle": Das Trinken einer Limonade wie Cola zeigt effizienter als Zitronenlimonade, dass der Konsument kein Kind, sondern schon erwachsen ist. Und mehr, dass er Teil einer modernen Elite ist. Das aber wieder bedeutet eine Veränderung der Wahrnehmung der Person und stärkt so das Selbstwertgefühl. Nur leisten Pepsi oder Afri-Cola das Gleiche, die Marke muss sich also auch von diesen absetzen. Das macht übrigens eine Hamburger Cola, die fritz-kola, die ihren Kunden einen Effizienz-Vorteil gewährt, mit dem sie sich von der doch jüngeren, naiveren Coca Cola Klientel abgrenzen können, ohne auf den liebgewonnenen Cola-Geschmack und Koffeinkick verzichten zu müssen. Die meisten fritz-kola-Trinker sind sich natürlich sicher, dass sie die Marke bevorzugen, weil sie besser schmeckt, nicht so amerikanisch eben.

Eine WC-Ente verspricht via „Schnabel", den Rand der Toilettenschüssel effizienter sauber zu machen, als andere WC-Reiniger. So werden negative Emotionen vermieden, etwa Ekel oder Scham. Und Scham verletzt das Selbstwertgefühl. Ein Produkt, dass dies effizienter als andere zu vermeiden hilft, wird einen Präferenzvorsprung vor anderen Marken erreichen. Eine ganz ähnliche Designlösung hat im übrigen Odol Mundwasser schon viel früher bei einer ganz anderen Produktkategorie genutzt (Rachen statt Toilettenschüssel). Aber erst durch das Gefühl, im sozialen Kontext Attraktivität zu gewinnen, wird das Produkt relevant für das Selbstwertgefühl. Ein BMW verspricht, beim Autofahren auch heute noch (bei dem Verkehr...) ein wenig Spaß zu machen, effizienter als andere Automarken. Einen BMW zu fahren, zeigt damit natürlich auch, dass man ein eher sportlicher und dynamischer Mensch ist. Was bei einem entsprechenden Bedürfnis sehr selbstwerterhöhend ist.

Google war sehr viel effizienter Suchen im Internet erfolgreich zu gestalten, als Vorläufer-Suchmaschinen wie Archie, Lycos, Yahoo, AltaVista, Excite, Fireball, oder Ask Jeeves. Damit werden negative Emotionen (zum Beispiel Orientierungslosigkeit, Überforderung, Ärger über Fehlversuche) vermieden, bessere Sucherfolge (und die damit verbundenen Emotionen) erreicht.

Google war übrigens auch in der Nutzererfahrung auffällig effizient. Anfangs noch gar nicht unbedingt über den Algorithmus, sondern über die Eingabemaske. Wenn Sie damals Yahoo aufgesucht haben, war die Suchmaske auf einer Wimmelseite untergebracht, mit einer Vielzahl an Nachrichten, Hinweisen, Wetterinfo und Werbung. Google wirkte dagegen im positiven, ästhetischen Sinne „arm". Eine Eingabezeile in der Mitte der Seite. Reduce to the max. Mehr nicht. Effizienz pur. Aber identifizieren kann man sich mit Google nicht mehr. Das ist bei dem Marktanteil auch nicht mehr notwendig. Und es ist schwer vorstellbar, dass sich jemand anderes noch effizienter für den Nutzer aufstellen werden kann. Vielleicht Alibaba in asiatischen Kulturkreisen. Versuche gab es schon einige, alle mit theoretischen Vorteilen (deutsche Server, kein Tracking), aber keiner mit mehr Effizienz und keiner erfolgreich.

Springen wir mal kurz über den Teich. Domino's Pizza war 2008 kurz vor dem Bankrott und hat seinen Aktienkurs seitdem mehr als versechszigfacht! Was ist passiert? Eine Mischung aus Staunen und Effizienz. Öffentlichkeitswirksam gab der CEO zu: „Wir hatten irgendwie eine Situation erzeugt, in der den Kunden die Pizza schlechter schmeckte, wenn sie erfuhren, dass sie von uns ist. Yeah, das war ein Problem".[48]

Die Pizzaherstellung wurde deutlich verbessert und der CEO trat selbst in TV Spots auf, die selbstironisch echte Kundenkommentare zeigten (Pizzakruste schmeckt wie Karton) und er entschuldigte sich, wie lange es gebraucht hat, das zu verstehen und zu verbessern. Die Kunden staunten und die Medien hatten aufregendes Material. Dadurch kam alles richtig in Fahrt und die Verkäufe stiegen in kürzester Zeit spürbar an. Aber dabei blieb es nicht. Es wurde mit besseren Lieferfahrzeugen experimentiert

48 https://www.bloomberg.com/features/2017-dominos-pizza-empire/

und eine neue App brachte den Durchbruch. Nicht nur konnte der Kunde eine Pizza mit beinahe nur einem Klick bestellen, statt ein längeres Gespräch mit einer Servicekraft zu führen (Effizienz), sondern diese App bekam auch eine Trackingfunktion. Der Kunde wusste zu jeder Zeit in welchem Stadium seine Pizza ist. Wird gerade belegt, ist jetzt im Ofen, jetzt im Karton, jetzt beim Fahrer, jetzt in deiner Straße! Was wie eine Spielerei klingt, ist aber ein weiterer Faktor in unserem Gefühl der Selbstwirksamkeit. Fast nichts ist schlimmer, als nach der Bestellung zu warten, nicht zu wissen, wann die Pizza nun kommt, ob es sich noch lohnt etwas anderes anzufangen, ob man vielleicht noch Zeit hat an der Ecke frisches Bier zu holen. Die Tracker-App gibt dem Nutzer wieder die Kontrolle über sein Leben. Wir hassen es ja schon, wenn im Aufzug die Türen nicht schnell genug zugehen. Das Warten auf die Pizza nervt, die App ist keine Spielerei, sie bedient einen sehr starken psychologischen Mechanismus. Inzwischen gibt es das auch in Deutschland.[49]

Mich überrascht immer wieder, wenn im Zusammenhang mit diesem Beispiel vor allem von „Gamification" gesprochen wird, also der Unterhaltsamkeitscharakter nach vorne gestellt wird. Nein, es ist ein Ärgernis abgestellt worden, von mir aus auf spielerische Weise. Der Markenberater Uwe Munzinger drückt das sehr klar aus: „Insights entstehen nicht aus Wünschen, sondern aus Problemen und Ärgernissen".[50] Auch der Berater Engl von Brandtrust sagt das ähnlich: „Lebensknappheiten herausarbeiten und in der Marke verankern".[51]

Die Marke Ritter Sport scheint uns eine – im Vergleich zu anderen Schokoladenmarken – eher männliche Marke zu sein mit allen

---

49 https://www.bloomberg.com/features/2017-dominos-pizza-empire/

50 Munzinger, Uwe: 11 Irrtümer über Marken, So gelingen Markenaufbau und Markenführung, Springer Gabler, 2016

51 https://www.linkedin.com/pulse/marken-f%C3%BChren-und-folgen-nicht-christoph-engl

damit assoziierten Emotionen: eher outdoor als indoor, eher hart als weich, eher abenteuerlustig als heimelig, eher Veränderung als Bewahren, eher sportlich als fürsorglich. Zugegeben, das sind alles „politisch inkorrekte" Assoziationen, aber man darf nicht vergessen, dass Frauen auch in vielen Situationen männliche Rollen, Männer weibliche Rollen oder kindliche (zum Beispiel bei einer lebensgefährlichen Erkältung) einnehmen können. Diese Interpretation von Männlichkeit bei Schokolade wird zum Beispiel durch die Dicke der Schokolade transportiert. Das lässt sich inszenieren, noch besser aber die Lust auf Abenteuer, Neues. Ritter Sport ist durch sein Design zudem deutlich effektiver darin, Produktvielfalt zu kommunizieren und damit Variety Seeking zu befriedigen als etwa Milka. Bei Milka ertrinkt man im Vergleich eher in Violett – aber die Marke leistet natürlich andere Dinge besser als Ritter Sport. Diese Marken sind also hoch effizient in der Vermittlung ihrer zentralen Benefits. Es ist einfach zu verstehen, warum eine WC-Ente ihr Gel besser an verborgene Stellen der Toilette bringt als andere Marken, es ist glaubwürdig und wirksam.

ALLOKATION UND DEFIZITE VON EFFIZIENZ.

Befragt man Menschen, welche Produktqualität sie präferieren: sehr gute Qualität, gute Qualität, befriedigende oder hinreichend gute Qualität. So entscheidet sich die ganz große Mehrheit für gute, also leicht überdurchschnittliche, aber nicht für sehr gute Qualität. Der Grund ist klar: Die meisten Menschen haben nur begrenzte Mittel zur Verfügung. Wenn sie in einem Bereich sehr viel ausgeben, also sehr gute Qualität kaufen, fehlt ihnen in anderen Bereichen etwas. Fragt man Menschen, wie sie sich etwa als Autofahrer, Koch oder Eltern wahrnehmen, so schätzen sie sich eher überdurchschnittlich ein, auch wenn dies im Schnitt gar nicht möglich ist. Wenn also jemand durch entsprechende Kommunikation meint feststellen zu müssen, dass seine „performance" etwa in der Wäschepflege merkbar unterdurchschnittlich ist (und dies ist für ihn wichtig), wird er einem Produkt, das glaubhaft macht hier besser zu sein, viel Aufmerksamkeit entgegenbringen. Hält er seine performance jedoch für – immer noch – überdurchschnittlich, wird er keinen Anlass sehen dort mehr zu investieren.

Man kann dies immer wieder in Marktforschungsstudien feststellen. Bei der Einführung der Mobiltelefone haben anfangs viele Befragte behauptet, sie benötigten kein Mobiltelefon und würden auch keines kaufen. Sie haben es aber bald dennoch getan. Warum? In einer tiefenpsychologischen Marktforschungsstudie haben uns die Konsumenten folgende Szene „gespielt“: Ein Handymuffel ist auf der Fahrt zu einem Kunden und steht im Stau. Er steigt aus und bemerkt vor ihm einen Fahrer, der mit seiner Frau telefoniert. Er hört auch den Inhalt („stell schon mal das Bier kalt…“). Die Diskrepanz zwischen eigener Hilflosigkeit (kann Kunden nicht informieren) und daraus erwachsendem Minderwertigkeitsgefühl wird noch verstärkt, wenn er dann bitten muss, das Mobiltelefon zu benutzen. Vor allem Männer fragen ja nicht mal gern nach dem Weg.

Der gleiche Mechanismus spielte bei der Umstellung auf Smartphones eine Rolle, bei Touchscreens und so weiter.

Der hier beschriebene Mechanismus kann bei jeder Innovation verwendet werden: Es muss eine Diskrepanz zwischen dem, was „Standard“ ist und der relativen „performance“ beim potentiellen Käufer hergestellt werden: niemand ist gerne blöd, ungeschickt, zu langsam oder unordentlich. Dies ist umso wirksamer, je größer diese Diskrepanz ausgeprägt ist. Aber noch einmal ganz deutlich an die vielen Ingenieure und Benefitmaximierer unter uns: Es geht nicht um technische Überlegenheit! Es geht um Effizienz – aus Sicht der Verwender!

Wenn Karina sich durch schlecht übersetzte Bedienungsanleitungen quälen muss, um eine neue Funktion zu verstehen, wird das kein Selbstläufer werden. Beispiel Waschmaschinen. Theoretisch ist es ein Riesenvorteil, wenn man für alle möglichen Textilarten und Verschmutzungsgrade spezielle Programme einsetzen kann. Da man gerade die selten verwendeten Dinge wie Daunen- oder Funktionsjacken auch nur selten wäscht, muss man aber immer wieder von vorne mit der Anleitung beginnen. Echte Effizienz wird daraus, wenn man die Maschine nur noch laden muss und die Maschine selbst sensorisch Wassermenge, Waschmittelart und –menge, Waschtemperatur, Zeitbedarf und Schleudertouren ermittelt. In diese Richtung entwickeln zum Beispiel die Bosch-Siemens-Hausgeräte die iSensoric Technologie. Vielleicht brechen die Maschinen den Waschgang zukünftig ab, wenn Sie versehentlich einen Wollpullover oder eine Seidenbluse dazwischen gesteckt haben. Es ist sicherlich effizient, wenn man dem Kunden viele Programme an die Hand gibt, es ist aber effizienter, wenn die Maschine dem Kunden diese Arbeit abnimmt.

Ich hoffe, Sie konnten mit mir den Weg gehen, das eher betriebswirtschaftliche Effizienzthema nun auch als starken, aber bisher verkannten Motivator menschlichen Verhaltens und Beeinflusser von Kaufentscheidungen wertzuschätzen. Wenn wir früher von Nutzenmaximierern gesprochen haben und Sharp zeigt, dass wir es eher mit Satisfizern statt Optimizern zu tun haben, werden wir zukünftig den Satisfizer vielleicht häufiger als Effizienzer verstehen und bedienen. Wenn man an Bedürfnisbefriedigung denkt, kann man sich vieles vorstellen. Aber wenn man sich fragt, was kann in meiner Kategorie ein Effizienzvorteil für die Käufer darstellen, dann wird das deutlich konkreter. Aber wie kann uns Effizienz beim Markenstaunen helfen?

EIN SCHEMABRUCH DURCH HÖHERE EFFIZIENZ BEEINDRUCKT KONSUMENTEN, FÜHRT ZU STAUNEN.

Ein Fleckenmittel, das Flecken beseitigt, führt nicht zum Staunen der Konsumenten. Wenn es jedoch kommuniziert, dass es Flecken deutlich schneller, besser oder schonender als andere

Mittel beseitigt, wenn der Nutzer wahrnimmt, dass seine bisherige Problemlösung veraltet ist, wenn die Effizienz eines neuen Mittels deutlich wahrnehmbar und leicht zu entschlüsseln ist, wird der Anwender beeindruckt, er staunt, zumindest ein wenig. Und er wird diese Erfahrung möglicherweise sogar mit anderen teilen.

Alle Produkte sind Problemlösungen im weiteren Sinn. Schokolade verwöhnt oder tröstet effizienter als Kekse, Kekse wiederum stillen Hunger besser als Schokolade, Fixprodukte sind heimliche Küchenhelfer mit Gelinggarantie und helfen effizienter als Einzelgewürze eine Mahlzeit zuzubereiten. Selbst in gehobenen Kochkursen werden Gewürzmischungen eingesetzt, natürlich nur sehr gute. Konsumenten sind beeindruckt, wenn ein Produkt oder eine Dienstleistung den erwarteten Nutzen deutlich effizienter erreicht oder zu erreichen verspricht. Selbst so banale Beispiele wie die Ariel-Werbung mit den wohnhausgroßen Tischdecken oder die Fairy-Ultra-Spülmittelwerbung lösen durchaus Staunen aus über die Effizienz an Reinheit und Sauberkeit, die das Mittel (und damit man selbst) erreicht.

Unerreicht ist immer noch die alte Levis-Werbung aus den 1980er und 1990er Jahren, die vor allem gezeigt hat, wie cool Leute sind, die Levis tragen. Die Musik war dabei ein enormer Verstärker. Der Turnaround der etwas abgehalfterten Marke Levis begann mit der Rückbesinnung auf die authentische Urform, die legendäre 501. Besonders der erste Werbefilm löste Staunen aus. Laundrette: In den 1950er Jahren betritt ein junger Mann (Nick Kamen) einen amerikanischen Waschsalon. Er zieht Jeans und Shirt aus und stopft sie in die riesige Waschmaschine, dann setzt er sich ganz lässig in der Boxerunterhose zwischen amüsierte Ältere und aufgeregte jüngere Frauen auf einen Stuhl. Ein Film, der durch den Regelbruch Staunen ausgelöst hat und dabei die Markenbotschaft elegant transportiert hat: Levis wird von den wirklich coolen sexy Jungs getragen. Die Filmmusik „Grapevine“ kam danach auch wieder in die

Charts. Und viele Eltern mussten ihren Sprösslingen Jeanshosen für rund 150 DM kaufen. Damals fast unvorstellbar, aber wenn das Seelenheil pubertierender Teenager davon abhängt, ist das ein kleiner Preis, oder?

Denn neben dem Produktbenefit eignet sich ja gerade die Visitenkarteneigenschaft einer Marke als Markenbenefit. Was meint das? Jede Marke, jedes Produkt, das selbst oder in der Auswirkung durch das soziale Umfeld wahrnehmbar ist, kennzeichnet den Verwender. Ein Zigarrenraucher hat ein anderes Image als ein Zigarettenraucher. Und ein Levis-Träger hielt sich eben für deutlich cooler und sexuell attraktiver als würde er in einer Mustang-Jeans stecken.

Ein Käufer der FAZ hat ein anderes Image als der Käufer der Bildzeitung. Die Marke kann so die Zugehörigkeit zu einer – für das Individuum attraktiven – sozialen Gruppe effizient belegen. Da gab oder gibt es den Dandy, den Hipster. Ein Kind trinkt lieber Cola als Limonade, um erwachsener zu wirken, der Städter fährt Geländewagen, um als Naturbursche oder selbstbewusste Frau zu erscheinen. Auch andere Gruppen leisten das, da gibt es Punks, Skinheads, Gruftis, Hooligans, Gothics oder Skateboarder.

Will man Hipster werden, gibt es dafür Ratschläge, etwa von wikihow[52]: „Viele Hipster sehen es als Basis an in Vintage Shops einkaufen zu gehen, aber das ist keine Voraussetzung und Vintage-Kleidung muss nicht unbedingt im Schrank eines Hipsters zu finden sein. Du solltest dich mit den Marken auskennen. Viele Marken bieten Hipsterkleidung an. Die bekanntesten sind American Apparel, H&M, ASOS, CobraSnake, und Urban Outfitters… Trage Röhrenjeans … Beachte, dass eher Hipster Männer Röhrenjeans tragen als die Frauen, denn diese tragen oft Leggins, Jeggins oder Treggings. Frauen können alternativ auch High Waist Jeans tragen (auch genannt „Mama Jeans“).

52 http://de.wikihow.com/Wie-man-ein-Hipster-wird

Gruppenzugehörigkeit ist eben nicht einfach, man muss die Regeln kennen, sonst klappt es nicht mit der gewünschten Coolness. Effizient ist, was die Zugehörigkeit besonders eindeutig herstellt.

Will man Goth sein, kauft man vielleicht Demonia Muerte Stiefel (Kunstlederstiefel für „nur" Euro 139,90) oder bordello Schuhe.

Marken inszenieren sich als Ausweise solcher Gruppen. Dass man mit solchem Outfit beeindrucken kann, ist nachvollziehbar. Es geht aber auch subtiler: Opernbesucher müssen ein Gespür für die Feinheiten entwickeln, sonst stellen sie sich schnell bloß. Aber auch dieser aus der Visitenkarteneigenschaft der Marke resultierende Nutzen muss direkt auf den Markenbenefit bezogen sein, anders wirkt die Visitenkarte nicht oder in falscher Richtung.

Effizienz ist also ein mächtiger Treiber für das Nutzungsverhalten unserer Kunden. Jetzt wollen wir das auch noch mit Staunen in Verbindung bringen, damit wir die maximale Wirkung erzielen können.

8. WAS HAT STAUNEN, WAS ÜBERRASCHUNG UND EHRFURCHT NICHT HABEN?

ÜBERRASCHUNG, STAUNEN UND EHRFURCHT: GEMEINSAMKEITEN UND UNTERSCHIEDE.

Wir hatten bereits angeführt, dass Überraschung eine Emotion ist, die anderen Emotionen vorausläuft. Eine Überraschung kann zu pain, pleasure oder auch zu gar nichts führen, je nachdem, wie das überraschende Objekt beurteilt wird: als irrelevant oder nicht. Überraschungen sind damit nur ein potentieller Türöffner, ein Schlüssel zur Erreichung anderer Emotionen. Staunen erscheint auf den ersten Blick als eine sehr ähnliche Emotion, deshalb wird bei der Messung von Überraschung oft auch Staunen impliziert.[53]

Gemeinsam ist Überraschung und Staunen ein Schemabruch: Es tritt etwas ein, was so nicht erwartet wird. Eine Überraschung ist ein einfacher Schemabruch. Er führt zu Aufmerksamkeit. Karina prüft jetzt, ob das Überraschende auch relevant ist. Und ob sie das als negativ oder positiv zu interpretieren hat. Überraschung muss also nicht relevant sein. Dabei ist es ziemlich egal, wie drastisch dieser Schemabruch ist. Überraschungen sind nur das erste Mal wirklich überraschend, sie können kaum verlängert werden. Das ist bei Staunen anders, wie wir später sehen werden.

Ehrfurcht, besser ist vielleicht der englische Begriff „awe", setzt ebenfalls einen Schemabruch voraus und zwar einen

53 z.B. Plutchik, Robert: Emotion: A Psychoevolutionary Synthesis, Longman Higher Education, 1980.
Richins, Martha: Measuring Emotions in the Consumption Experience. In: Journal of Consumer Research, Vol. 24, No. 2 (1997), pp. 127-146

Schemabruch, der den gewohnten Referenzrahmen, bisherige Schemata drastisch überschreitet.[54]

Dacha Keltner und Jonathan Haidt nennen als zentrale Bestandteile von prototypischer Ehrfurcht „vastness" und die Erfordernis der „accommodation".[55]

Vastness, also etwa unermessliche Größe oder Weite bezieht sich auf eine Erfahrung, die „much larger than the self" ist.[56]

Accommodation, nennen wir es Aneignung, bezieht sich auf den Piaget'schen Prozess der Akkommodation: Dem Menschen begegnen Neuheiten, die nicht in bestehende Schemata eingeordnet werden können durch Modifikation bestehender Schemata oder durch Schaffung neuer.[57]

Prototypische Ehrfurcht beinhaltet erhebliche Schwierigkeiten bei der Akkommodation, sie führt dazu, dass der Mensch sich klein, machtlos oder irritiert fühlt. Ehrfurcht tritt auf gegenüber Menschen mit großer Macht (Erdogan), aber auch Naturwundern (Grand Canyon), Ruhm (Justin Bieber), außergewöhnlicher Autorität (Stephen Hawking), hohem Prestige (Luxusyacht), dem Anblick der Sterne in klarer Nacht außerhalb der Stadt, das Gefühl, das selbst bei Ungläubigen in einer prächtigen Kirche, einem Tempel entwickelt wird und so weiter. Aber auch eine riesige Skulptur (Lenindenkmale), ein riesiges Buffet (Buffets in Top Hotels der Arabischen Emirate) oder ein besonders hochwertiges

---

54 vgl. Piff, P.K.; Dietze, P.; Feinberg, M.; Stancato, D.M. & Keltner, D.: Awe. The Small Self, and Prosocial Behavior. In: Journal of Personality and Social Psychology, 2015, Vol. 108, Nr. 6, 883-899.
Sundararajan, Louise: Religious Awe: Potential Contributions of Negative Theology to Psychology, "Positive" or Otherwise. In: Journal of Theoretical and Philosophical Psychology, 2002, Vol. 22, No. 2, 174-197

55 Keltner, Dacher; Haidt, Jonathan: Approaching awe, a moral, spiritual, and aesthetic emotion, Cognition and Emotion
Volume 17, 2003 - Issue 2 Seiten 297-314

56 Ebenda, S. 303

57 vgl. Piaget, Jean; Inhelder, Bärbel, 1969

Angebot kann fast so etwas wie Ehrfurcht auslösen. Kennzeichnend für Ehrfurcht ist, dass das Objekt als hoch relevant für einen selbst eingestuft wird (Erdogan für Lehrer in der Türkei), dass es aber schwierig oder manchmal gar unmöglich ist, sich das Objekt anzueignen, es zu „kaufen". Wer Ehrfurcht empfindet, fühlt sich klein, unbedeutend. Ehrfurcht erhöht also anders als Staunen das Selbstwertgefühl nicht, reduziert es in einigen Fällen sogar. Erst wenn es gelingt, sich das Objekt zumindest ein kleines bisschen anzueignen, wird das Selbstwertgefühl wie bei Staunen verstärkt. Ein Weiser oder Priester eines archaischen Kultes kann in den Sternen lesen und sie sich damit ein wenig gefügig machen. Er kann die Götter bestechen mit Opfern und so Einfluss gewinnen. Dabei variiert die Effizienz: Bei indigenen Kulturen Mittelamerikas mussten bei großen Gefahren, etwa Hungersnöten, entsprechend große Opfer (zum Beispiel die eigenen Kinder) gebracht werden. Wird die Intervention der Priester als effizient angesehen, steigert dies ihr Ansehen und damit auch ihr Selbstwertgefühl. Dies ist nicht nur Mutmaßung: Eine Studie bestätigt diesen Zusammenhang hoch signifikant.[58] Ehrfurcht empfindet man nicht nur einmal, man kann sich an Naturwundern, am Sternenhimmel kaum satt sehen. Gut, wenn Karina in Rom die dreißigste Kirche gesehen hat, ist die Ehrfurcht der Ermüdung gewichen. Aber anders als bei Überraschung wirkt Ehrfurcht eher anhaltend, weil sie immer wieder erfahren wird. Selbst wer häufig in den Dolomiten Ski fährt, wird immer wieder beeindruckt sein von der imposanten Kulisse, insbesondere bei eindrucksvollen Lichtphänomenen. Wenn etwa das Bergmassiv Rosengarten in der Abendsonne intensiv rot leuchtet.

Mit Ehrfurcht hat sich auch Max Weber beschäftigt, nämlich bei seiner Analyse von Charisma und charismatischen Führern.[59] In

58 Piff, P.K.; Dietze, P.; Feinberg, M.; Stancato, D.M. & Keltner, D. (2015): Awe. The Small Self, and Prosocial Behavior. In: Journal of Personality and Social Psychology, Vol. 108, Nr. 6, 883-899

59 Weber, Max; Winckelmann, Johannes: Wirtschaft und Gesellschaft, Mohr, 1985

Krisenzeiten, wenn das Vertrauen verloren geht, dass die Verantwortlichen die Situation beherrschen können, werden tendenziell bisher stabile Formen der Herrschaft (zum Beispiel bürokratische) durch einen charismatischen Führer ersetzt, der als Heilsbringer angesehen wird. Der Charismatiker lässt keine Kontrolle seines Handelns zu, beachtet keine Verfahren, entspricht keinen Rollenerwartungen und verdrängt alle Akteure, die seine Position durch Regeln oder Mitspracherechte eingrenzen wollen und verstärkt so den Glauben an seine Fähigkeiten. Der Charismatiker wird zur alleinigen Entscheidungs- und Führungsinstanz, die sich keiner Koalition oder Handlungsbindung unterwirft. Er hat das alleinige Interpretationsmonopol. Dies gelingt ihm, weil er Ehrfurcht auslöst und die Menschen dazu bringt, heroische oder gar Handlungen der Selbstaufopferung auszuführen. Emile Durkheim[60] betont die Bedeutung starker Gefühle in solchen Situationen: Er unterscheidet dabei Affekte, die auf individuellen Interessen oder Sorgen beruhen und Personen an andere binden, etwa Liebe, Furcht und Respekt. Und solche, die sich auf soziale Entitäten richten, etwa Nationen oder andere kollektiven Gebilde. Die Emotionen richten sich hier auf kollektive Anliegen oder Sorgen. Innerhalb dieser zweiten Gruppe von Emotionen entstehen Gefühle, die als Ehrfurcht bezeichnet werden können.[61]

Aktuelle politische Entwicklungen, etwa in der Türkei, Ungarn oder den USA sind in diesem Licht zu betrachten. Auch die Alternative für Deutschland (AfD) hat diesen Mechanismus in Deutschland erfolgreich eingesetzt, bis sich zeigte, dass charismatische Führung nicht funktioniert, wenn sich die Führungspersönlichkeiten spinnefeind sind.

---

60 Durkheim, Emile: Selected Writings 1 Cambridge University Press, 1972

61 vgl. Keltner, Dacher; Haidt, Jonathan: Approaching awe, a moral, spiritual, and aesthetic emotion, Cognition and Emotion
Volume 17, 2003 - Issue 2 Seiten 297-314, S. 300

In der Psychologie findet man nur zwei ältere Autoren, die sich genauer mit Ehrfurcht auseinandergesetzt haben: William McDougall[62] (1910) und Abraham Maslow[63] (1964). McDougall spricht vor allem von Bewunderung. Er beschreibt dies als Verbindung von Macht und Wunder: bei einer Person, die wir stark bewundern werden wir scheu, wir haben den Impuls uns klein zu machen, Aufmerksamkeit zu vermeiden, entwickeln ein Gefühl der Unterwürfigkeit.[64] Viele Männer scheinen diese Form der Ehrfurcht beim Kontakt mit besonders schönen Frauen zu erleben.

Maslow beschreibt vor allem „peak experiences", die so etwas wie Ehrfurcht beinhalten. Für Marketingzwecke scheint Ehrfurcht unseres Erachtens jedoch selten der geeignete Ansatz zu sein: das wäre dann doch ein wenig des Guten zu viel. Aber es gibt zeitweise erfolgreiche Ehrfurchtsinszenierungen. Da wäre die „harte Tür" bei Szeneclubs, die durchaus so etwas wie Ehrfurcht auslöst und damit das Angebot deutlich begehrenswerter macht. Und auch deren, meist objektiv nicht so brillanten, Türsteher viel attraktiver erscheinen lässt. Wurde mir zumindest berichtet. Es gibt auch immer mal wieder Versuche von Topköchen, mit besonders arrogantem Verhalten bei der Zielgruppe hingebungsvolle Ehrfurcht auszulösen, sodass diese sich sogar objektiv schlecht behandeln lassen und trotzdem nach Wiederholung streben. Auch das scheint aber nur in den seltensten Fällen zu funktionieren – und nur zeitlich begrenzt. Die meisten arroganten Köche landen mit schlechten Bewertungen auf Tripadvisor.

---

62 McDougall, William: An Introduction to Social Psychology, Palala Press, Reprint 2015

63 Maslow, Abraham: Religions, Values and Peak-experiences. Ohio State University Press,1964

64 vgl. Keltner, Dacher; Haidt, Jonathan: Approaching awe, a moral, spiritual, and aesthetic emotion, Cognition and Emotion
Volume 17, 2003 - Issue 2 Seiten 297-314, S. 300

Hinter Staunen steckt ein Schemabruch, der ähnlich wie bei Ehrfurcht relevant ist. Wenn der Schemabruch sich auf ein Objekt bezieht, das die Effizienz des Staunenden steigert, wird das Staunen auch für die Aneignung, also den Kauf relevant. Anders als bei Ehrfurcht steht die Möglichkeit der Aneignung kaum in Frage. Eben weil das Individuum durch die Aneignung eine Selbstoptimierung erreicht, also irgendwie größer, besser, entspannter oder effizienter wird. Japanische Messer machen aus einem guten Koch einen besseren, weil er empfindliche Lebensmittel schonender teilen kann und so einen besseren Geschmack der Speisen erzielt. Durch die Aneignung erhält der Käufer einen Benefit, der emotional spürbar ist. Und andere sehen an den Messern, dass sie einen guten Koch vor sich haben. Das steigert wieder sein Selbstwertgefühl. Staunen ist vielleicht nicht so langlebig wie Ehrfurcht, aber dauerhafter als Überraschung. Jedes Mal, wenn der Koch die Messer verwendet, entsteht dieses positive Gefühl der Kompetenz und abgeleitet der Anerkennung.

Der Effekt hält so lange an, wie der Konsument das Gefühl hat, mit diesem Produkt Dinge deutlich effizienter machen zu können, als mit anderen. Ein Füller von Mont Blanc lässt die Schrift attraktiver werden. Dieses Gefühl hat der Nutzer jedes Mal, wenn er damit schreibt. Und andere sehen, dass er Wert darauf legt, Nachrichten ästhetisch ansprechend zu gestalten. Solange ein iPhone „das leistungsstärkste persönliche Gerät der Welt" ist, bringt es die Menschen zum Staunen. Und immer neue Anwendungen, immer neue Apps verlängern dieses Staunen. Das Staunen wird weiter gesteigert, wenn sich in den Medien die Spekulationen über das „next big thing", das nächste iPhone, überschlagen. Und da hilft sogar eine negative Prognose, wenn angeblich der neue Prozessor nicht stark genug sein wird oder das Display nicht hell genug. Kurz sinkt der Aktienkurs und kurze Zeit später ist ein neuer Rekord zu verzeichnen. Im Gespräch zu sein, salient zu bleiben, hilft eben.

Staunen auszulösen erfordert also kontinuierliche Marketingarbeit: neue Sorten, neuer Auftritt, Innovationen. Es muss aber nicht wie bei Überraschung ständig neu sein. Es reicht, zumindest phasenweise, das Gleiche neu zu variieren, dabei aber immer selbstähnlich zu bleiben, sodass Karina das aktualisierte Angebot auch ganz einfach und sicher wiedererkennen kann. Aber es darf keine zu große Komplexität entstehen, denn das behindert die schon habitualisierte Entscheidung. Und das Neue muss kompatibel sein mit dem Bestehenden. Staunen überwältigt nicht, sondern ruft nach Aneignung, das kann Sportkleidung sein, die mich ein klein wenig zu Messi (dem Fußballer) macht, ein teures Messer, das mich ein klein wenig zum Sternekoch macht, ein Smartphone, das mich unterwegs mit der gesamten Welt verbindet und ich nicht mehr nach dem Weg fragen muss. Oder mein Interesse an Fernreisen: Immer wachse ich mit, das angeeignete Objekt macht mich „größer", steigert mein Selbstwertgefühl.

Ein Ladengeschäft, das tolle Produkte, attraktive Kleidung anbietet, aber Schwellenangst erzeugt, löst also nicht Staunen, sondern eher Ehrfurcht aus: es erschwert die Aneignung. Es muss, um die Käuferschaft auszuweiten, die Zugänglichkeit, die Möglichkeit der Aneignung erweitern, also Schwellenangst verringern. Jacques' Wein-Depot profitiert von reduzierter Schwellenangst im Vergleich zum klassischen Weinhandel. Und hat früher Staunen ausgelöst, weil man die Weine probieren konnte. Heute staunt man darüber weniger. Im Gegenteil, es mutet für normale Weintrinker schon fast komplex an, wenn man probieren und bewusst entscheiden soll. Denn Aldi, Lidl und Netto bieten gefällige Weine zu niedrigen Preisen, bei denen ein geschmackliches Risiko erst gar nicht entsteht. Gleiches gilt für ein japanisches Messer, bei dem das Schleifen zur komplexen Aufgabe wird: Große Komplexität kann aus Staunen Ehrfurcht machen. Und das ist dann wieder ein wenig „des Guten" zu viel.

GRÖSSE DES SCHEMABRUCHS, BERLYNE UND DIE KUNSTFORMEL VON LIEDKE.

Will eine Marke Menschen zum Staunen bringen, muss sie einen Schemabruch vollziehen, also bestehenden Erwartungen entgegenstehen, sie übertreffen. Die Frage ist nun, wie groß sollte dieser Schemabruch sein? Es gibt hier zwei Ansätze um sich dem zu nähern. Zum einen die Kunstformel Dieter Walter Liedkes, eines Künstlers und Erfinders. Er sagt: Leben oder Bekanntes + Bewusstseinsevolution/Innovation/Kreativität = Kunst beziehungsweise Evolution des Lebens. Er stellt dies auch graphisch dar:

Am Beispiel einer steinzeitlichen Darstellung eines Mammuts wird die exemplifiziert:

Liedke ist mit seiner Kunstformel nicht leicht verständlich. Und man muss auch nicht alles auf die Goldwaage legen, was er sagt. Vermutlich hat er aber recht, wenn er meint, um

Kunstinnovationen zu schaffen, benötige man etwas Bekanntes, hier allgemein „Leben" (die Schöpfungsgeschichte etc.) und ein innovatives Element (hier Bewusstseinserweiterung genannt). Beides muss zusammenkommen, muss aber als solches eindeutig identifizierbar sein, weil anders ein Verständnis nicht möglich ist. Ohne ein Verständnis ist aber Kunstgenuss nicht möglich. Umgesetzt auf unsere Problematik heißt dies: Ich benötige eine bekannte Basis, getrennt davon etwas eindeutig als neu Interpretierbares; das muss aber fast wie eine Bewusstseinserweiterung wirken, also sehr deutlich sein. Wenn der Walkman durch den iPod abgelöst wird, ist das erfüllt. Man erkennt sofort den bekannten Grundnutzen, Musik unterwegs dabei zu haben und die Erweiterung, indem man keine begrenzten Kassetten mehr mit sich tragen muss, sondern sehr viele seiner „Scheiben" (GenY: Schallplatten/CDs) immer dabei hat. Es gibt aber eine noch klarere Beschreibung der Innovationsstärke im Verhältnis zum Bekannten:

Die Wundt-Kurve in der Interpretation Daniel Berlynes hilft uns hier weiter:

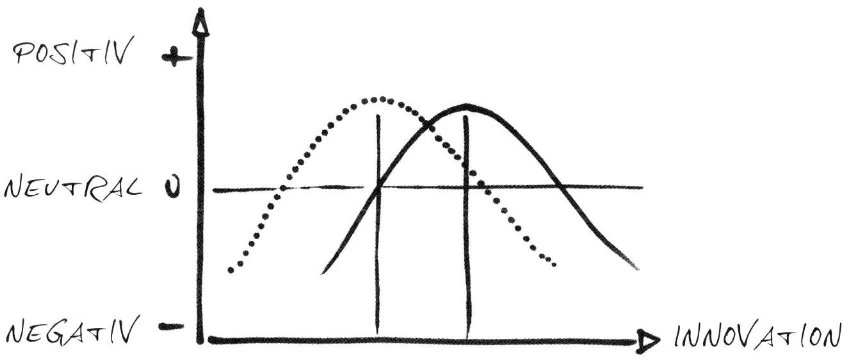

Sie zeigt, dass ästhetische Innovationen, die sehr schwach ausfallen, nicht attraktiv sind (gepunktete Kurve). Größere Abweichungen werden attraktiver bis hin zu einem Punkt, an dem sie wieder deutlich unattraktiver werden, also zu neu und damit nicht mehr verständlich sind. Durch die steigende Vertrautheit mit der Innovation ändert sich jedoch der Maßstab, nach einiger Zeit gilt also die durchgängige Kurve. Das, was anfangs als zu innovativ, zu radikal erschien, wird plötzlich akzeptabel. Dies bedeutet, dass Innovationen zu Beginn einen (aber nicht zwei!) „Schritt zu weit" gehen müssen, weil sie anders allzu schnell unattraktiv, langweilig werden.[65]

Dieser Schritt zu weit wird von Durchschnittskonsumenten anfangs jedoch schnell als Bedrohung oder Irritation wahrgenommen, erst nach Gewöhnung wird die Innovation wirklich geschätzt. Marktforschung mit Durchschnittskonsumenten sortiert leider relevante innovative Neuprodukte in bestehenden Märkten systematisch aus und bevorzugt kleine Innovationen, die letztlich oft nicht erfolgreich werden.

Ein Beispiel für eine scheinbar zu starke Innovation waren etwa die Carver-Ski, die Anfang der 1990er Jahre als höchst gefährlich eingestuft wurden. Da die Ski selbst bei Kurzschwüngen nicht mehr schräg zur Fahrtrichtung gestellt werden wie beim Driften, entfällt die Bremswirkung beim Kurvenfahren. Inzwischen sieht man kaum noch jemanden mit klassischen Alpin-Skiern wegen der deutlichen Erleichterung des Fahrens und der Kraftersparnis.

Nehmen wir ein anderes Beispiel: die Kategorie Sekt. Normalerweise verwendet man Sekt, um Personen (Jubilare, Geburtstags-„Kinder" etc.) oder Situationen (zum Beispiel Silvester) zu würdigen. Eine andere Funktion ist, einander relativ fremde Personen zu einer Gruppe zu vereinigen (zum Beispiel bei Einladungen). Mit Prosecco wurde nicht nur eine andere Art von Produkt erschaffen, sondern auch neue Verwendungsgelegenheiten: sich Alltagssituationen schöner zu machen. Durch neue Verwendungsanlässe wurde die eigentlich sehr kleine Innovation

65 Konecni, Vladimier: Berlyne, Daniel: Two Decades Later. In: Empirical Studies of the Arts. Journal of the International Association of the Arts, 1996, Vol. 14, Nr. 2, 129-142

Prosecco eindeutiger als neu interpretiert. Allerdings ist es keiner Marke gelungen, diese Funktion an sich zu binden: es gilt für die gesamte Subkategorie. Und das ist heute immer mehr der Fall: Selbst wenn eine Marke es schafft, eine neue Subkategorie aufzubauen und an sich zu binden: Die Konkurrenz ist so schnell auf dem Markt, dass eine Monopolisierung, eine exklusive Bindung der Subkategorie an die Marke gar nicht mehr möglich ist.

Interessanterweise gilt die richtige Größe des Schemabruchs auch bei Ohrwürmern mit ähnlicher Mechanik, der zu Aufmerksamkeit und damit Ohrwurmqualität führt. Das Prinzip ist eine eingängige (vertraute) Grundmelodie plus ungewöhnliche Intervalle. Also überraschende Sprünge, wie zum Beispiel in „Bad Romance" von Lady Gaga. Oder anders gesagt, das Stück ist sehr prototypisch und hat gleichzeitig ein differenzierendes plus X.[66]

Im folgenden Kapitel bringen wir jetzt Staunen und Effizienz zusammen.

66 http://www.spiegel.de/wissenschaft/mensch/ohrwurm-warum-ein-lied-im-gedaechtnis-bleibt-a-1120088.html

9. STAUNEN UND EFFIZIENZ IM KONTEXT WICHTIGER ERFOLGSPRINZIPIEN

„Wenn Werbung gut ist, dann packt sie uns. Dann lachen wir, weinen wir, wir zeigen Emotionen. Dann haben Unternehmen das erreicht, was sie wollten“. So steht es in der Huffingtonpost über „55 geniale Kampagnen“. Das hat mit Staunen zu tun. Aber auch ein (positives) Staunen etwa über die Kommunikation einer Marke muss nicht unbedingt zum Erfolg führen. Denn das Staunen kann sich auf etwas richten, was nichts oder wenig mit dem erwarteten Nutzen zu tun hat oder schwer zu dekodieren ist.

Ein Beispiel für letzteres ist der TV-Spot „Löwe“ der DEVK Versicherung.

Im Zoo ist ein prächtiger Löwe aus dem Gehege ausgebrochen. Die Besucher rennen in Panik davon. Einer bemerkt den Löwen zu spät. Hält einen Plüschlöwen in der Hand und fängt stotternd an das Lion-King-Lied zu singen, um den echten Löwen zu beruhigen. Der DEVK-Mann im Anzug erscheint, singt super cool das Lied weiter, lenkt damit den Löwen auf sich und geht dann mit ihm weg.

Der Film soll zeigen, dass die DEVK Probleme ihrer Kunden zu den eigenen macht und schnell reguliert. Der Umgang des Versicherungsmitarbeiters mit dem Löwen ist sicher staunenswert, auch die ganze Geschichte. Die Frage ist jedoch, wie schnell ein Fernsehzuschauer diese Botschaft dekodieren kann und ob eine solch flapsige Geschichte die Glaubwürdigkeit dieses Anspruchs fördert.

Staunen ohne glaubwürdige, bessere, effizientere Problemlösung ist unterhaltsam, sonst nichts.

Hat man aber das Bedürfnis der Konsumenten nicht wirklich verstanden, geht Staunen völlig in die Irre und kann auch negativ werden. Ein Beispiel aus jüngster Zeit ist ein Spot für eine Lukull Sauce Hollandaise. Mit diesem Produkt sollen Profiköche erreicht werden. Geworben wird in einem sexuell aufgeladenen Film mit Spargel als Phallusersatz.

Der Profikoch, ein extrem auffälliger Albinotyp, bereitet ein Spargelgericht vor und in Einblendungen werden seine sexuellen Fantasien mit Lebensmitteln und Frauen gezeigt, darunter liegt ein treibender Beat. Länge: achtzig Sekunden.

Die Assoziation Spargel als Phallus ist nicht gerade neu. Hauptproblem ist aber, dass Profis als Profis angesprochen werden wollen. Es geht also um Themen wie Schnelligkeit, günstiger Preis oder breite Einsetzbarkeit, je nach Art der Küche. Zum Produkt wird aber gar nichts gesagt. Damit werden die Bedürfnisse der Zielgruppe nicht bedient. (Für mögliche erotische Bedürfnisse sind die Bilder wiederum nicht explizit genug). Staunen kann, wie man an dem Beispiel sieht, auch negatives Staunen produzieren. Nur als kleine zusätzliche Information: Sex sells? Nein, es scheint ein sicherer Weg in die Irrelevanz zu sein. Kürzlich hat eine Metaanalyse gezeigt, dass Erotik die Aufmerksamkeit auf sich lenkt und vom Produkt wegzieht. Es sei denn, dass mit dem Produkt die Erotik glaubwürdig erreicht werden kann, zum Beispiel in der Axe-Bodyspray-Werbung.[67]

Effizienz meint eben, das Richtige (das angestrebte Ziel) richtig gut zu realisieren. Und wenn beides zusammenkommt, also das Richtige angestrebt wird und dies auch richtig gut erreicht wird und einen deutlichen Abstand zu dem herstellt, was erwartet wird, entsteht Staunen.

Nun muss man der Werbeagentur nicht unbedingt einen Vorwurf machen. Das Problem ist, dass die Bedürfnisse von Zielgruppen oft nicht so genau verstanden werden, wie dies notwendig

67 https://www.sciencedaily.com/releases/2017/06/170622143114.htm

wäre. Und man deshalb einfach auf Auffälligkeit setzt. Man kann sich das bewusst machen, wenn man sich fragt, warum genau die Konsumenten eine Produktkategorie und in dieser eine bestimmte Marke kaufen. Warum trinkt man Tee? Sicher, um den Durst zu stillen. Und ein wenig wach zu werden, wenn auch sanfter als mit Kaffee. Aber steckt da nicht mehr dahinter? Unsere Forschung zeigt: Ja, da steckt sehr viel mehr dahinter! Nur bekommt man das nicht heraus, wenn man Menschen direkt danach fragt. Denn sie haben Schwierigkeiten, diese eher vorbewussten Motive selbst zu erkennen und zu artikulieren. Deshalb haben wir auch seit den 1990er Jahren das Psychodrama als mächtige diagnostische Methode in die Marktforschung eingeführt. Im Psychodrama können wir diese Zielgruppenbedürfnisse herausarbeiten, indem wir relevante Verwendungssituationen im Rollenspiel rekonstruieren lassen und uns diesem „Wiedererleben" dann mit einer Fülle psychologischer Methoden nähern. Wir können die wirklichen Lebensknappheiten erkennen, die Hindernisse, die dem Kunden das Leben schwerer machen als notwendig. Seit wir Effizienz als starken Motivator für Kaufverhalten erkannt haben, richten wir unser besonderes Augenmerk auf das Erkennen von Effizienzbarrieren und möglichen Lösungen. Denn auch bei diesem Thema sind sich die Menschen weder bewusst, wie wichtig Effizienz für sie tatsächlich ist, noch was die hier relevanten Stolperstellen sind, deren unerwartete Beseitigung Staunen auslösen würde.

UNIQUENESS DURCH RICHTIGE (!) SUBKATEGORIENBILDUNG.

Marken, die Menschen in irgendeiner für sie relevanten Dimension effizienter machen und sie dadurch beeindrucken, die sie also zum Staunen bringen, müssen nicht unbedingt erfolgreich sein. Wenn verschiedene Marken die, in der Wahrnehmung gleiche Performance zeigen, beeinflusst dies die Markenwahl nicht mehr. Die Frage ist aber, was ist Uniqueness und wie unique müssen Marken sein?

Uniqueness kann man nach klassischer Sicht erzielen, indem das gleiche Produkt mit einem anderen, neuen Nutzen versehen wird: Orangensaft kann so ganz unterschiedlich positioniert werden. Ein Saft kann in erster Linie als gesund (wie hohes C) oder als genusshaft (wie Granini Trinkgenuss), natürlich oder preiswert positioniert und beworben werden. Man hätte so vier Teilmärkte und vier potentielle Marken. Und natürlich ist eine Marke, die auf eine andere Eigenschaft dieser Art, zum Beispiel „sanft" setzt, durchaus unique.

Wir haben schon in den 1990er Jahren gesehen, dass diese Art der Uniqueness der Positionierung problematisch ist. Denn ein Saft, der „wie frisch gepresst" ist, kommuniziert über diesen „reason to believe" Gesundheit und Natur und Genuss. Ein Saft, der mehrere gewünschte Nutzen in sich vereint, dürfte damit attraktiver sein. Mehr Nutzen ist also besser, zumindest wenn er in einem hierarchisch höher angesiedelten Nutzen gebündelt werden kann und mit dem Mehrnutzen keine anderen Nachteile verbunden sind. Dann macht der Mehrnutzen die Wahl einfacher und effizienter.

Blend-a-med war einst die größte europäische Zahncreme-Marke. Bis in die 1990er Jahre hatte diese Marke den deutschen Zahncrememarkt dominiert, obgleich das Produkt nicht gut schmeckte und auf einer veralteten Produktbasis beruhte. Aber sie hatte den wirksamen Nutzenbeweis: „die gibt der Zahnarzt seiner Familie". Das sagte den Konsumenten, was sie an Nutzen zu erwarten hatten (die umfassendste Vorsorge) und es gab gleichzeitig einen scheinbaren Beweis: denn der Zahnarzt weiß am besten Bescheid.

Nachdem Procter 1987 die Firma von der Blendax GmbH gekauft hatte, machte man sich daran, den Markt segmentiert zu bearbeiten, um den Marktanteil weiter zu steigern. Es wurde eine Vielzahl von Varianten mit verschiedenen spezifischen Teilnutzen auf den Markt gebracht: gegen Parodontose, gegen Karies, gegen Zahnstein, im Spender und so weiter. Durch verschiedene Nutzen glaubte man, verschiedene Käufersegmente ansprechen zu können. Erinnern Sie sich noch, was wir eingangs zu den scheinbar unterschiedlichen Segmenten gesagt haben? Käufer in der Kategorie sind sich sehr viel ähnlicher, als man das intuitiv glaubt. Im Markt war das Ergebnis dieser Anstrengungen ein Desaster. Die Marke verlor Marktanteile, die Marktführerschaft ging an Odol med 3. Diese neue Marke bot eine dreifach Prophylaxe (und über den Markennamen auch noch die Frische).

Der Grund erscheint einfach: Karina geht, wie wir alle, nicht gern zum Zahnarzt. Und wenn sie geht, soll er möglichst nichts schmerzhaftes tun. Sie braucht bei einer Zahncreme die Sicherheit, dass diese ihren Beitrag leistet, mehr Nutzen ist also auch mehr Beruhigung. Eine Vorbeugung gegen Karies, Parodontose, Zahnstein und schlechten Atem ist mehr wert, als eine Vorbeugung gegen nur ein Problem: Das spezialisierte Produkt ist für Karina deutlich weniger effizient, wenn man ganz einfach keine Probleme haben will. Odol med 3 hat mehr geboten und dies auch sichtbar gemacht mit den drei Streifen. Blend-a-med ist heute auch „complete". Und meist für weniger als einen Euro zu erhalten. An dieser Stelle kommt gerne der Verweis auf Elmex und Aronal. Hier soll man ja sogar morgens eine andere Paste nehmen, als abends. Und das ist natürlich scheinbar nicht effizient. Aber es ist der Preis, den diejenigen gerne bezahlen, die einer günstigen Zahncreme mistrauen. Und viele von denen nehmen trotzdem nur eine Sorte von beiden. Warten wir einfach, bis es jemand schafft mit einer neuen Geschichte Staunen auszulösen und alles in ein Premiumprodukt packt.

Richtig verstandene Uniqueness durch Fokussierung auf einen anderen, differenzierenden Nutzen kann durchaus ein erfolgreicher Weg der Positionierung sein. Vergessen wir nicht: Differenzierung im Sinn einer Subkategorienbildung war jahrelang das Marketing-Mantra. Es galt und gilt vielen als das einzige Mittel, im Konkurrenzumfeld zu überleben.[68]

68 vgl. z.B. Trout, Jack: Differentiate or Die: Survival in Our Era of Killer Competition, Wiley, 2000. Günther, Heinz: 7 Fehler in der Markenführung, buch&media, 2014

Und wenn man sich Marketingerfolge ansieht, gewinnt diese Sicht auch große Plausibilität. Denn analysiert man die Gründe der erfolgreichen Marken wie Actimel, Apple, Axe, Bacardi, Becks und Coca Cola bis hin zu San Pellegrino, Zeiss oder Zippo, so kann man rasch erkennen, dass es diesen Marken gelungen ist, sich deutlich zu differenzieren, indem eine neue Subkategorie aufgemacht wurde. Axe Deo beispielsweise hat statt des Kategorienutzens „soziale Akzeptanz durch Verhinderung von Körpergeruch" den Benefit „Attraktivität bei Frauen" in den Mittelpunkt gestellt. Das verändert die Nutzung völlig: Axe ist nicht das richtige Deo, wenn man als neuer Mitarbeiter im Unternehmen Kompetenz aufbauen will. Aber es ist das richtige, wenn es darum geht, eine neue Freundin zu gewinnen, eben weil Frauen „provoziert" werden. Der berühmte Axe-Effekt. Diese deutlich unterschiedliche Positionierung ist auch für den unaufmerksamen Kunden leicht erkennbar. Wird eine Werbeumsetzung gewählt, die dies effizient kommuniziert, kann Staunen ausgelöst werden, das eindeutig nur dieser Marke gilt. Dann ist auch ein Aufkleber verständlich, der an jedem Notausgang angebracht werden kann. Allein ist dies vielleicht nicht „zum Staunen", aber es ist ein sehr guter Schmunzler, wenn man es verstanden hat.

Aber aufgepasst: Besonders erfolgreiche Marken wie Apple bleiben nicht in einer Subkategorie stehen! Sie machen regelmäßig weitere auf.

Seit Mitte der 1980er Jahre haben wir uns darum gekümmert, wie man neue Subkategorien systematisch etablieren und „monopolisieren" kann.

Um eine neue Subkategorie zu schaffen, ein Marken-Monopol, muss ein – zumindest in der Produktkategorie – neuer, zentraler Nutzen besetzt werden, eine Lebensknappheit wie etwa Zahngesundheit im bis dahin auf Genuss und Erfrischung fokussierten Kaugummimarkt durch Wrigley‘s Extra, Immunstimulanz durch Actimel Joghurt und so weiter. Das neue Angebot muss sich darüberhinaus auch äußerlich so deutlich von der Ausgangskategorie unterscheiden, dass es nicht in diese Kategorie eingeordnet wird. Das neue Auftreten muss dabei so eigenständig gestaltet werden, dass es sich für eine neue Prototypizität eignet. Actimel hat eine flüssige Konsistenz und kommt in kleine Trinkfläschchen. Für Karina war sofort klar, dass es sich hier nicht einfach um ein etwas besseres Joghurt handelt. Wie etwa Nestles LC1. Gleicher Nutzen, aber Packung und Produktkonsistenz wie gewohnt. Ohne Schemabruch keine Eigenständigkeit. LC1 schwächelte vom Start weg und wurde bald aufgegeben. Wrigleys Extra kam in ungewohnt kompakten Streifen. Beck's Gold kam in einer glasklaren Flasche. Der Schemabruch zur bisherigen Kategorie hat Staunen ausgelöst und dadurch konnte sich das neue Angebot im Information Overload durchsetzen.

UNIQUENESS DURCH DISTINKTION.

Eine neue Subkategorie zu schaffen macht es relativ leicht, eine Marke deutlich zu differenzieren und auch Staunen auszulösen. Dies ist jedoch mit erheblichem finanziellem Aufwand verbunden. Zudem ist bei Erfolg zu erwarten, dass Nachahmer in kurzer Zeit in den Markt eintreten. Vor allem Byron Sharp und Jenni Romaniuk vom Ehrenberg-Bass Institut halten die Subkategorienbildung in diesem Sinn inzwischen überwiegend für eine Illusion.[69] Dies vor allem, weil empirische Untersuchungen immer wieder zeigen, dass Marken einer Kategorie in einer Preisklasse

69 Sharp, Byron; Romaniuk, Jenni: How Brands Grow: Part 2: Emerging Markets, Services, Durables, New and Luxury Brands, Oxford University Press, 2015

um die gleichen Konsumenten konkurrieren. Wenn aber Positionierung in dem oben genannten Sinn funktionieren würde, müssten sie auch unterschiedliche Typen von Konsumenten ansprechen, dies ist aber nur selten der Fall.[70] Noch einmal: Es geht bei Konkurrenz überwiegend um mentale oder physische Verfügbarkeit und nicht etwa um Markenpositionierung, Markenhistorie oder Qualität. Das mag etwas schwarz-weiß klingen. Aber auch wenn erfolgreich eine neue Subkategorie etabliert wurde, kaum sind Nachahmer im Markt, entsteht wieder ein gewöhnlicher Markt, in dem normaler Wettbewerb herrscht mit Marken, die die gleichen Benefits anbieten. Und die wieder über mentale und physische Verfügbarkeit im Wettbewerb stehen.

Erste essentielle Voraussetzung für den Erfolg einer neuen Marke in einem bestehenden Markt ist, dass sie alle zentralen Kategorienutzen bedient, die die etablierten Konkurrenzmarken auch bieten: sie darf diesbezüglich keine Nutzen-Konkurrenz versuchen. Ein neues Angebot von Fixprodukten (in Konkurrenz zu Maggi/Knorr) muss also ebenfalls ein (heimlicher) Kochhelfer mit Gelinggarantie sein; ein neuer Joghurt Genuss und Gesundheit versprechen.

Das neue Angebot muss außerdem – etwa qua Verpackungsdesign – deutlich machen, dass es in die angestrebte Kategorie gehört, es muss also Merkmale der Prototypizität der Kategorie aufweisen: Butter muss schnell als Butter, Frischkäse als Frischkäse decodiert werden können. Sonst wird der eilige Konsument die neue Marke erst gar nicht als Alternative wahrnehmen können.

Und drittens muss die neue Marke sich in irgendeiner Weise innovativ positiv von den Konkurrenten unterscheiden. Der Ansatz von Liedke für Kunst gilt also auch für neue Marken: Man

70 Sharp, Byron; Romaniuk, Jenni: How Brands Grow: Part 2: Emerging Markets, Services, Durables, New and Luxury Brands, Oxford University Press, 2015, 43ff

benötigt ein eindeutig zu identifizierendes innovatives Element. Dazu gibt es generell zwei Möglichkeiten:

Entweder findet man einen Weg, den oder die bestehenden zentralen Kategorienutzen besser oder glaubwürdiger zu besetzen als bestehende Marken. So hat etwa Procter und Gamble vor vielen Jahren technisch deutlich überlegene Slipeinlagen und Binden (Always) gelauncht, die den erwarteten Produktnutzen erheblich besser erfüllt und damit den Markt aufgerollt haben. Es ist, außer bei technischen Innovationen, aber immer schwieriger geworden, Leistungsunterschiede zu entwickeln, die durch den Wettbewerb nicht kurzzeitig nachvollzogen werden können.

Die andere Möglichkeit ist, die eventuellen Nachteile und Kosten zu reduzieren, um so einen größeren Nettonutzen zu erzeugen. Die einfachste, banalste und deshalb bevorzugte Möglichkeit ist, den Preis zu senken und damit zum Marktführer aufzuschließen. Man kann jedoch auch andere Defizite ausgleichen. So putzen Dr. Best Zahnbürsten die Zähne sicherlich nicht besser als andere Zahnbürsten, aber mit dem elastischen Bürstenkopf wurde ein überlegener „Beweis" für die Schonung des Zahnfleisches geliefert, der sogar jahrelang für die Marktführerschaft gereicht hat!

Aber diese Differenzierung, besser vielleicht Distinktion, muss deutlich sichtbar, erkennbar sein. Diese Distinktion, wie Romaniuk und Sharp schreiben, kann sich an vielem festmachen lassen: An der Packungsform (Dove Bodyshapes), den Charakteren (Meister Propper), eventuell „Promis" (George Clooney), der Typographie (Google), Farben oder Farbkombinationen (Aral), auffälligen Jingles/Soundbranding (Audis Herzschlag) oder Logos (Nike Swoosh).

Distinktion bezieht sich nicht auf die Frage, warum etwas gekauft wird, sondern darauf, wie die Marke eindeutig und fehlerfrei identifiziert werden kann.

Distinktion in der Produktform kann auch einen Reason Why für überlegene Leistung darstellen. Das wesentliche Charakteristikum der WC-Ente ist der gebogene Flaschenhals, mit dessen Hilfe der Anwender die Reinigungsflüssigkeit leichter unter dem Rand der Toilette aufbringen können soll. Die Zahnbürste von Dr. Best verspricht, das Zahnfleisch zu schonen. Und macht das mit dem gefederten Stiel sichtbar. Wenn eine Marke durch ihre wahrgenommene Effizienz zur Zielerreichung Menschen beeindruckt und wenn sie dies auf eine nicht-direkt vergleichbare Weise macht, wird Staunen ausgelöst. Und dieses Staunen ist ein Mittel, Konsumenten zu binden, aber auch neue Konsumenten zu gewinnen.

STAUNEN AUSLÖSEN DURCH INHALT UND/ODER FORM, DURCH FAKTEN UND DAMIT VERBUNDENE EMOTIONEN.

Wir haben gesehen, dass Effizienz der wichtigste Motivator von Menschen bei der Wahl zwischen alternativen Produkten ist und dass Staunen dadurch ausgelöst werden kann, dass ein Produkt eine deutlich höhere Effizienz eines Konsumenten in irgendeiner Dimension ermöglicht. Nun ist gerade im Zeitalter des Postfaktischen klar, dass Wahrnehmung und Realität auseinanderklaffen können und dies, obgleich uns Higgins doch sagt, dass das Erkennen der Wahrheit ein zentraler Motivator des Menschen ist. Er wird daran jedoch massiv gehindert: Die Wahrheit zu erkennen ist aufwendig und mühsam. Sind neue Informationen im Widerspruch zu aufgebauten Schemata, werden sie oft verzerrt, angepasst oder missachtet.

Im Information Overload werden wichtige Signale übersehen. Und es ist äußerst schwierig, die Konsequenzen neuer Informationen wirklich präzise zu prognostizieren. Etwas, das objektiv Staunen auslösen soll, tut dies oft nicht. Und anderes löst Staunen aus, obgleich es alles andere als staunenswert, neu und aufregend ist.

Das kann man auch an Entwicklungen in Bereichen sehen, denen man dies nicht zutrauen würde, etwa der multivariaten Statistik. Ein Beispiel für Kenner: Die Conjoint-Analyse galt und gilt als besonders wichtiges Instrument des Marketing. Sie hat durchaus jahrelang Staunen ausgelöst. Sie wurde 1964 von Duncan

Luce und John Tukey eingeführt.[71] Tatsächlich aber handelt es sich dabei um nichts anderes, als die Kombination einer Dependenzanalyse mit einem experimentellen Ansatz und war damit erheblich älter. Oft genügt es jedoch, einem Kind einen neuen Namen zu geben, seinen Nutzen deutlich herauszuheben und die Zugänglichkeit (mentale und physische Verfügbarkeit) drastisch zu erhöhen, wie dies zum Beispiel Sawtooth (führender Conjoint-Softwareanbieter) gemacht hat. Wir sind uns sicher, jeder Wissenschaftler kann Beispiele dieser Art anführen. Bei Konsumenten ist diese Form der Durchsetzung im Markt alltäglich.

Wichtig ist also, den Effizienzgewinn wirklich nachvollziehbar sichtbar zu machen. Auf ein besonders schönes Beispiel, die Wirkung von Zahncreme auf eine Weise auszudrücken, die Staunen auslöst, weist Edward McQuarrie[72] hin: Statt den prozentualen Rückgang von Zahnstein anzugeben, zeigte eine uralte Werbung von Procter & Gamble für die Zahncreme Crest explizit eine parallele Funktion zwischen Zahncreme und der Kürette, dem Instrument des Zahnarztes zur manuellen Zahnsteinentfernung. Sie macht den Nutzen der Zahncreme wirklich nachfühlbar und damit begreifbar. Dieses Instrument wurde auch in der TV-Werbung immer wieder aufgegriffen. Der Schemabruch in der Darstellung und die offensichtlichen Effizienzgewinne gegenüber dem Gang zum Zahnarzt lösten Staunen aus und eine steile Abverkaufssteigerung.

71 Luce, Duncan; Tukey, John: Simultaneous conjoint measurement. Journal of Mathematical Psychology, 1964, (1),1-27

72 McQuarrie, Edward: Advertising Resonance: a Semiological Perspective, SV - Interpretive Consumer Research, 1989 Seiten 97-114

Nicht nur die Wissenschaft, auch das Alltagsverständnis zeigt, dass manche Bildmotive oder Geschichten den Betrachter drastisch mehr berühren als andere, auch wenn sie den gleichen Inhalt haben. Genau darum aber geht es bei der Kommunikation: Aufgabe der Werbung ist letztendlich, eine Änderung des Kaufverhaltens herbeizuführen. Dies wiederum macht es notwendig, dass die unter Umständen banalen Besonderheiten der beworbenen Marke wirklich eine Besonderheit werden, ihre Bedeutung muss also subjektiv steigen, dies wiederum bedeutet, die Wirkung der Botschaft zu verstärken. Und Wirkung verstärken kann man, indem die Emotionen, die mit der Botschaft verbunden sind, wirklich nachfühlbar gemacht werden.[73]

Bilder, Geschichten und Claims lösen erst dann stärkere Emotionen aus, wenn die Betrachter dafür geeignete kognitive Schemata haben, wenn sie also auf Grund ihrer eigenen Erfahrung über geeignete Muster verfügen, auf die auch diese neuen Informationen der Werbung genau passen. Ein schönes Beispiel für diese Art von Resonanz war die Werbung für die Dr. Best Zahnbürste. Eine Tomate macht nachfühlbar, erlebbar, wie sehr normale Zahnbürsten (also nicht Dr. Best) das Zahnfleisch verletzen können. Und verstärkt damit die behaupteten Vorteile der Marke mit dem flexiblen Bürstenkopf. Und dies, obgleich vorher wohl nie Probleme durch mangelnde Flexibilität aufgetreten sind.

STAUNEN OHNE GROSSE SUBSTANZ: HILFT HIER EIN „LAW OF ATTRACTION"?

Marketing sollte auch dann Staunen auslösen, wenn nicht gar so viel an Substanz da ist. Dabei geht es nicht um Verdrehung der Wahrheit, nur darum, Sachverhalte, deren Konsequenzen ein Konsument nicht hinreichend nachvollziehen kann, wirklich

73 Haimerl, Elmar: Emotionale oder rationale Werbung? Über einen verhängnisvollen Irrtum in Kommunikation und Werbeforschung; in: Jahrbuch der Absatz- und Verbrauchsforschung 1/2007

spürbar zu machen. Wenn Inhalt fehlt, kann man mehr auf die Form setzen. Eine Möglichkeit ist „laws of attraction" anzuwenden, also etwa Schönheit, Geist, Intelligenz, Nähe, Vertrautheit oder Ähnlichkeit zum Konsumenten betonen.

Besonders interessant scheint das zu sein, was Karen Karbo schrieb: „Die herkömmliche Lebensweisheit sagt, dass wir Freunde auswählen für das was sie sind. Aber es stellt sich heraus, dass wir sie lieben, weil sie uns unterstützen in dem was wir sind." [74]

Das gilt nicht nur für Freunde, das gilt auch für Produkte.

Leicht nachvollziehbar ist dies bei Schmuck. Schmuck soll im Grunde nicht schmücken. Schmuck ist vielmehr für eine Frau eine Möglichkeit, die eigene Persönlichkeit zu verstärken und in die erwünschte Richtung (situationsspezifisch) weiterzuentwickeln. Dies hat aber zur Folge, dass ein Mann, der seiner Frau ein Schmuckstück schenkt, das ihr nicht gefällt, nicht nur eine ästhetisch falsche Wahl getroffen hat, er hat auch ihre Persönlichkeit nicht richtig verstanden oder missachtet, er hat also geradezu ein Verbrechen begangen.

STAUNEN AN UNTERSCHIEDLICHEN TOUCHPOINTS.

Kaum ein Unternehmen hat das Geld, an allen Berührungspunkten mit dem Kunden Staunen auszulösen. Nach unserer Erfahrung versuchen dies viele Unternehmen aber auch gar nicht. Es genügt ihnen, ein irgendwie besseres oder preisgünstigeres Angebot zu machen. Das reicht aber nicht aus. Wir leben in einer Erlebnisgesellschaft. Es gilt also zumindest ein klein wenig Staunen und viel Attraktivität durch ein Produkt auszulösen und die immer vorhandene Abwehr aufzufangen, zu reduzieren oder zu eliminieren.

74 ttps://www.psychologytoday.com/articles/200611/friendship-the-laws-attraction

Ein Beispiel aus dem Alltag: Wenn es in einer Straße bereits zwei Eisdielen gibt und Sie wollen eine dritte aufmachen. Genügt es dann, die Bedürfnisse der Konsumenten sehr genau zu kennen und etwas besser zu sein, als die etablierten Eisdielen? Bringen Sie lieber die Zielgruppen zum Staunen, indem Sie statt der zehn Sorten der Konkurrenten dreißig bieten. Oder indem Sie das italienische Flair noch typischer, noch emotionaler gestalten: mit künstlich inszenierten Gerüchen von gebrannten Mandeln, Zitrone oder After Eight, die aus dem kalten Eis nicht aufsteigen können.

Hotelketten kämpfen damit, sich relevant von anderen zu unterscheiden. Auf dem Vormarsch sind preisgünstige Angebote mit hoher Effizienz, wie Motel One. Check in und Check out allerdings wirken auch hier immer noch wie zu den Anfängen der Digitalisierung. Wann bekomme ich endlich mein Zimmer mit Zugangscode auf meine Smartwatch und kann ohne Umweg auf mein Zimmer? Herrliche Effizienzaussichten.

STAUNEN IN DER EINKAUFSSTÄTTE.

Die Einkaufsstätte kann also der Ort des Staunens sein. Bis in die 1970er Jahre wurde in Deutschland noch der Begriff Kolonialwarengeschäft verwendet. Das waren tatsächlich aber nur noch Tante-Emma-Läden. Ursprünglich war damit aber gemeint, dass exotische, überseeische Genussprodukte wie Zucker, Tee, Kaffee, Kakao, Gewürze und so weiter verkauft wurden. Das war damals staunenswert.

Und zum Warenhaus heißt es in „Wunderwelt Warenhaus“: „Wo konnten Menschen – in der Mehrzahl Frauen – schon Ende des 19. Jahrhunderts den ganzen Tag in ungewöhnlich schicker Umgebung verbringen, von der Schuhabteilung zu Kleidung, Kosmetik und Porzellan schlendern, sich in der fünften Etage bei einer leichten Mahlzeit ausruhen, einen Friseurbesuch einschieben und zur Krönung Bücher und Blumen kaufen?“ [75]

75 Whitaker, Jan: Wunderwelt Warenhaus. Eine internationale Geschichte, Gerstenberg, 2013

Klaus Strohmeier schreibt in seinen wissenschaftlichen Recherchen zum Warenhaus: „Die Warenhäuser überwältigen mit prachtvoller Architektur, revolutionieren mit Zeitungsannoncen, Schaufenstern, Plakaten und Lichtreklame die Werbung, sind die Geburtsstätte der Warenästhetik, ziehen Verkehrsströme auf sich: Die Warenhäuser werden zu Kristallisationspunkten der Innenstädte und verändern die Wahrnehmungsgewohnheiten der Großstädter. Heute scheint die große Zeit der Warenhäuser vorüber zu sein, nur wenige der berühmten Häuser sind noch übriggeblieben“.[76]

Damals konnte man Staunen. Heute haben Kauf- und Warenhäuser nach Ansicht vieler Fachleute keine Zukunft mehr. Zurzeit scheinen Shoppingcenter die legitime Nachfolge des Warenhausgedankens angetreten zu haben. Aber auch diese Einkaufstempel kämpfen inzwischen mit der Gewohnheit. Staunen tritt nur noch selten ein. Andere arbeiten an dem Warenhaus 2.0.

Händler wissen, dass sie immer mal wieder etwas bieten müssen, was die Kunden kurz innehalten lässt, vielleicht etwas Staunen lässt. dm-Drogeriemärkte haben früh ein fast revolutionäres Ladendesign verwendet, bei dem liebgewonnene betriebswirtschaftliche Prinzipien der Warenpräsentation über den Haufen geworfen wurden. Die Regale wurden niedriger, sodass gerade Frauen sich nicht mehr klein fühlen mussten. Die Gänge wurden breiter, sodass man sich mit Kinderwagen und Einkaufswagen leichter bewegen konnte und die Gänge wurden diagonal angelegt, sodass sich ein einladender Eindruck für einen Bummel durch das Geschäft ergibt. Aldi Süd hat die ersten Backautomaten installiert, sodass man durch frischen Brotgeruch in der Filiale überrascht wird. Leider waren die Automaten ziemlich hässlich. Und Lidl kopierte die gute Idee, zeigt aber schöne Backöfen

76 http://klaus-strohmeyer.de/warenhaeuser.html

wie beim Bäcker und zeigt die Backwaren nun in edlen Glasvitrinen zur Selbstbedienung. Was zusätzlich erheblich effizienter ist, als auf sein eigenes Brot beim Automaten zu warten.

Ich bin sicher, dass die nächste Stufe bei Kunden Staunen auszulösen, darin liegen wird, die Einkaufsaufgabe erheblich effizienter werden zu lassen. Der Wettbewerb unserer Platzhirsche mit Amazon Fresh wird viele neue Lösungen ergeben. Manche werden die Verbraucher staunen lassen, weil sie den persönlichen Einsatz beim Einkaufen deutlich reduzieren werden. Zum Beispiel durch völlig neue Lieferprozesse. Andere werden vermutlich nicht honoriert werden und schnell wieder in der Versenkung verschwinden. Wer unsere Effizienz erhöht und uns damit ein wenig zum Staunen bringt, hat unsere Aufmerksamkeit und kann sich unserer Hinwendung sicher sein.

10. STAUNEN UND EFFIZIENZ – AKTUELLE FALLBEISPIELE

Vielleicht haben Sie bis hierher den Eindruck, dass unser Thema doch sehr schwierig, kompliziert und theorielastig ist. Und tatsächlich ist es nicht einfach, auf Basis der wissenschaftlichen Erkenntnisse zu pragmatischen Lösungen für Ihre Marke zu kommen. Mir selbst hat dabei ein Training sehr geholfen, zu dem ich Sie mit diesem Kapitel einladen möchte. Machen Sie es sich einfach zur Routine, aktuelle Markenmaßnahmen stets mit den Parametern Effizienz und Staunen zu prüfen. Irgendwann geht Ihnen das in Fleisch und Blut über und dann können Sie Ihre eigenen Aktivitäten für Ihre Marke entwickeln.

Hier also eine ganze Reihe von gelungenen und weniger gelungenen Beispielen.

CRAFT BIER

Inzwischen sollte es jeder mitbekommen haben. Der Craft-Bier-Trend aus den Staaten ist nun mit Schwung auch in Deutschland angekommen. Der Name sagt schon, worum es ursprünglich geht: Handwerklich hergestellte Biere, die nur lokal angeboten werden. Typischerweise in Kleinstbrauereien, teils sogar aus dem Hinterzimmer einer Szene-Kneipe. Craft Biere verstehen sich in der Qualität einem „Fernseh-Bier" überlegen, sind viel individueller im Geschmacksprofil und natürlich deutlich teurer. Warum sind sie erfolgreich? Wer jetzt über die Befriedigung individueller Geschmacksbedürfnisse nachdenkt, trifft nicht den Kern. Das Craft Bier trinken genau die Leute, die ohnehin schon in dem Lokal Stammgäste sind. Und nicht etwa Leute, die viele verschiedene Lokalitäten durchgekämmt haben, immer auf der Suche nach dem Bier mit ihrem Geschmack. Natürlich gibt es auch solche extremen Exoten, aber das ist nicht die interessante Kundschaft. Der Nutzen liegt woanders.

Der Biermarkt ist inzwischen langweilig geworden. Jeder kopiert jeden, selbst regionale Brauereien grenzen sich in der Masse nicht deutlich ab. Wir haben mit Craft-Bier-Trinkern ausgiebig gearbeitet und festgestellt, dass sie sich als Kenner wahrnehmen. Craft Bier ist der effizienteste Weg, sich im Umfeld wieder als kompetenter Biergenießer zu präsentieren und damit eine Selbstaufwertung zu erfahren. Biertrinken ist nämlich nicht mehr so schön männlich cool, wie es das vor vielen Jahren mal war. Dies, die untypischen Markennamen und Packungsdesigns (Schemabrüche) und die Geschichten, die in den Kneipen zum eigenen Craft Bier erzählt werden, lassen ein wenig Staunen. Ansonsten sind die Konsumenten objektiv gesehen tatsächlich keine Kenner. Sie wissen wenig bis nichts darüber, was technisch Craft von normalem Bier unterscheidet. Genauso wenig, wie Fernsehbiertrinker von der Bierherstellung wissen, fast egal wie oft sie eine Brauerei besichtigt haben. Dieses Kennertum kann deshalb auch nicht widerlegt werden, weil die Freunde genauso wenig Ahnung von den Details haben. Wen dieses objektive Wissensdefizit bei gleichzeitiger persönlicher Kennerschaftswahrnehmung interessiert, dem sei das Buch „The Knowledge Illusion“ dringend empfohlen.[77]

Das Prinzip gilt in allen Märkten, nicht nur bei Bier. Craft-Fans haben auch keine präferierte Craft-Bier-Marke, sondern wechseln, so das lokale Angebot das zulässt. Und sie nehmen das Bier nicht zu Hause zu sich, dort steht weiter der gewohnte Kasten der Marke, die gerade im Angebot ist. Es sei denn, es kommen Freunde zu einem besonderen Anlass, dann kann es sein, dass der Gastgeber sich mit ein paar verschiedenen Craft Bieren profiliert und seine Gäste zum Staunen bringt. Und nein, selbst dann wird er sich nicht zu einer Craft-Bier-Marke mehr oder weniger loyal verhalten. Es würde der Selbstwahrnehmung als Kenner widersprechen.

77 Sloman, Steven; Fernbach, Philip: The Knowledge Illusion: The myth of individual thought and the power of collective wisdom, Macmillan, 2017

Ebenso, wenn er die Craft-Versionen der Fernseh-Bierhersteller bevorzugen würde. Wo wäre da noch die Außenwirkung?

SUPERBOWL 2017

Was für eine spannende Zeit, während des einen Megaevent des Jahres, wenn die kreative Elite alles gibt. Ich habe mir alle Spots angeschaut. Und darauf geachtet, ob es Spots gibt, die mich zum Staunen bringen und dabei eine Effizienzbotschaft verpackt haben. Das hat richtig Spaß gemacht. Vor allem, weil ich meine Eindrücke vergleichen konnte, mit allen möglichen Ranglisten, die geschwind im Netz erschienen. Zum Beispiel haben dreizehn internationale Top-Kreative ihr Votum abgegeben.[78] Und Marktforscher haben Scores nach proprietären Modellen gerechnet. Wenn man sich die Rankings anschaut, dann sieht man, dass jeweils deutlich andere Kriterien angelegt werden und damit andere Ranglisten entstehen. Wie besondere Kreativität, hohe Emotionalität oder starke Auffälligkeit. Aber sehr selten waren Botschaften dabei, die dem Zuschauer das Leben wirklich leichter machen könnten. Einer der oft gelobten Top-Spots war von Audi, der ein Seifenkistenrennen von Kindern zeigt. Darüber lag die Stimme des Vaters, der über die mangelnde Chancengleichheit von Mädchen philosophiert. Und wie man seine Tochter motivieren könnte, trotzdem alles zu geben. Am Ende gewinnt die Tochter natürlich das Rennen gegen einen bösen Buben ganz knapp. Der Vater streicht der Tochter über den Kopf und sie gehen zum großen Audi. Der Abbinder sagt, dass Audi sich für gleiches Gehalt bei gleicher Arbeit einsetzt. Schön emotional geschossen. Staunen? Kaum. Hilft mir Audi auf relevante Weise, mein Leben effizienter zu machen? Nein. Ist gleiches Gehalt für gleiche Arbeit wichtig? Natürlich. Nur nicht für die Entscheidung beim Autokauf. Und zur Freude des Internets wurde dann Audi fröhlich durch den Kakao

78 http://www.horizont.net/agenturen/charts/Amir-Kassaei-Doerte-Spengler-Ahrens-und-Co-Internationale-Top-Kreative-kueren-die-10-besten-Super-Bowl-Spots-2017-145890

gezogen, weil in dem Konzern keine Frau in der Führungsetage sitzt. Also eindeutig Werbung, keine Haltung.

Ein Film, der in Amerika besonders gelobt wurde, weil er angeblich die Marke so emotionalisieren würde, war der Film einer koreanischen Automarke. Er zeigt ein paar amerikanische Soldaten und Soldatinnen aus Kampfgebieten, die, dank der Marke, virtuell mit ihren Familien gemeinsam den Superbowl schauen. Hoch emotional, bewegende Szenen. Vermutlich staunende Zuschauer. Was um Himmelswillen will mir die Marke damit Relevantes für meine Kaufentscheidung erzählen? Ein so vordergründiger Stunt, dass es auch Amerikanern auffallen sollte. Aber für die wenigen Familien und ihre SoldatInnen war das hoffentlich richtig emotional.

Aber kommen wir zu einer anderen koreanischen Automarke. Kia. Die Story:

Eine Frau (Melissa McCarthy; Ghostbusters und Saturday Night Live) hört im Autoradio, dass die Wale Hilfe brauchen. Sie liebt Wale. Schnitt. Offenes Meer. Mehrere Schlauchboote fahren mit hoher Geschwindigkeit. Eins davon gesteuert von der Protagonistin mit geballter Faust. Neben ihr steigt ein riesiger Buckelwal auf und touchiert das Boot. Die Heldin fliegt in hohem Bogen durch die Luft und prallt an das Fangschiff. Nächster Aufruf im Autoradio: Bäume müssen gerettet werden. „I love trees!" Schnitt. Sie hängt als Treehugger in einem riesigen Baum. Ein Holzfäller fällt den Baum und sie stürzt samt Baum in eine tiefe Schlucht. Der Versuch das Polkappeneis zu schützen, geht genauso spektakulär schief, wie die Rettung eines Nashorns. Der Sprecher sagt dann, es sei sehr schwer für Eco-Kämpfer, aber es sei einfach, wie einer zu fahren. Mit dem neuen Eco Kia Niro. Das verbrauchseffizienteste Auto. Als passende Musik liegt Bonnie Tylers „Hero" darunter. Ein Film, der einen staunen und laut lachen lässt, mit viel Augenzwinkern, der aber eine relevante Botschaft klar liefert: Mit diesem Auto kannst du auf effiziente Art deinen Beitrag leisten. Falls dir die Umwelt tatsächlich wichtig ist. Und dich dann guten Gewissens zurücklehnen. USA Today hat sogar ein paar Tage später vermeldet, dass dieser Spot auf Basis „Admeter“ den Top-Platz eingenommen hat. Schön. Auch wenn das für mich weniger ausschlaggebend ist. Denn die Nachricht selbst wird nicht für die breite Masse relevant gewesen sein. Und Wirkung ist alle Mal wichtiger als Gefallen.

DIE BAHN WAGT DEN VERKEHRSMITTELVERGLEICH

Die trauen sich was. Da hört und erlebt man immer Verspätungen im Fernverkehr und da schaltet die Bahn mehrere Filme die kurz und knapp Vergleiche mit dem Autofahren und dem Fliegen bei Geschäftsleuten vornehmen.

Die Filme zeigen vor weißem Hintergrund einen Erste-Klasse-Bahnsitz, einen Autositz und einen Flugzeugsitz. Darauf drei Protagonisten, die in allen Filmen gleich sind. In einem Film lacht die Bahnreisende amüsiert über etwas auf ihrem iPad. Sie will es dem Autofahrer zeigen, der genervt abwinkt, der muss ja fahren. Die Flugreisende hat ihre Füße auf dem im Fußraum verstauten Handgepäck und sagt, sie kann auch nicht gucken, da im Flugmodus. Zum Schluss bemerkt die Zugreisende noch, wie entspannt sie ist, was dem Autofahrer einen gestressten Ausruf entlockt. Super: Geschäftsreisen mit allem Komfort = ICE. Slogan: Diese Zeit gehört Dir.

Alle Filme haben auch einen schönen selbstironischen Touch, zum Beispiel, wenn eine englische Zugansage mit extrem sächsischem Akzent ertönt. Die Filme sind ein klarer Schemabruch, sie lassen ein bisschen staunen, auch weil die Bahn sich da etwas traut – und sie betonen relevante Effizienzvorteile von bahnreisenden Geschäftsleuten. Besser entspannen, besser arbeiten können (Steckdose und Internet), angenehmer können können (WC), schneller in der Innenstadt. Wenn dann auch noch die Züge pünktlich sind, wird das wirksam sein.[79]

79 https://www.youtube.com/watch?v=pMzuj-eQBmg

VIRALITÄT ENTSTEHT AUCH AUS EFFIZIENZ UND STAUNEN

Es gibt viele Versuche die Wirkmechanismen guter viraler Kampagnen zu definieren. Hier spielt der Zufall eine gewaltige Rolle. Etwas ist plötzlich top-aktuell, oder ein großes Medium berichtet und etwas wird durch einen Schneeballeffekt durch die klassischen Medien gepuscht. Aber es gibt auch weitere Erklärungen. Die Überzeugendsten sind die, die auf anerkannte psychologische Mechanismen zurückgreifen können. Gerne wird Altruismus als Treiber zum Beispiel beim moralischen Aufschrei genannt. Altruismus ist bekanntlich nicht gerade eine weit verbreitete Eigenschaft. Noch weniger in den Social Media. Warum entrüsten sich dann so viele? Weil es ein extrem effizienter Weg ist, sich eine Portion selbstwirksames „Gutfühlen" zu holen. Wenn ich mich öffentlich über etwas entrüste, mit dem ich eigentlich nichts zu tun habe, dann bin ich aktiv geworden, habe mein Selbstbild als mitfühlender Mensch bestätigt – und brauche mich in der Folge nicht weiter damit beschäftigen. Studien haben gezeigt, dass die moralische Stellungnahme praktisch nie dazu führt, dass man sich danach wirklich engagiert oder auch nur der guten Sache eine Spende zukommen lässt.

Ein solches Effizienz-Beispiel ist der berühmte Weihnachtsviral von Edeka „Heimkommen":

Ein alter Mann sitzt einsam vor einem Weihnachtsbaum. Alle Familienmitglieder haben abgesagt. Er täuscht seinen Tod vor und lädt seine Familie am Weihnachtstag zu seiner Beerdigung ein. Alle sehen sich genötigt nun doch schnell zur Beerdigung zu fahren. Beim Leichenschmaus erscheint der Alte plötzlich und nun wird Weihnachten richtig emotional.

Das Teilen dieses Filmes lässt die Sharer besonders effizient als „gute Menschen" dastehen. Ein starker emotionaler Nutzen. Deshalb hat dieses Viral drastisch mehr Verbreitung gefunden, als der ohnehin schon geniale Vorgänger „Supergeil". Andererseits hat das Folgeviral von Edeka „Eatkarus" (ein extrem dicker Junge ermöglicht seinen Traum vom Fliegen durch Abnehmen mit gesundem Essen) keine so außergewöhnliche Wirkung gehabt. Der Film war durchaus ästhetisch, hatte einen visuellen Schemabruch, aber er hat dem Sharer keinen so deutlichen emotionalen Nutzen in der Selbstdarstellung geboten.[80] Wer sich zudem selbst als zu dick erlebt, wird das eher nicht geteilt haben.

RITTER SPORT: WIE FAKE NEWS AUCH RICHTIGES STAUNEN AUSLÖSEN KÖNNEN

Kennen Sie die Ritter Sport „Mett"-Variante? Nicht? Schade, war eine gelungene Idee eines Internetfans. Türkise Packung mit einem Mettbrötchen mit Zwiebeln abgebildet und besonders gelungen, links oben das Logo von Rügenwalder. Ein Hit in den Social Media. Ritter Sport hat das Thema später aktiv aufgegriffen und auf der eigenen Site auch einen Fake-Sorten-Blogg veröffentlicht, auch auf Pinterest. Gezeigt werden die besten Ideen der Internetgemeinde und auch ein paar eigene Einfälle. Das bringt einerseits zum Staunen, andererseits ist es ein extrem cleverer Weg, das Differenzierungssignal von Ritter Sport zu verstärken. Ritter Sport sind nämlich prall gefüllt und bieten damit ein intensiveres Geschmackserlebnis. Wer häufiger mit der Bahn fährt, kennt die riesigen Poster die dem hungrigen Reisenden eine Vielzahl prallgefüllter Schokoladen schmackhaft machen und ein sehr guter Salienz Booster sind. Denn diese Art von Markensignalen sind einzigartig. Sie sind ein ästhetischer Schemabruch.

Und seit einiger Zeit gibt es auch ausgefallene Sorten, als Limited Edition, die nur über den Webshop abgegeben werden. Den Erfolg der Einhorn-Sorte in brüllendem Pink hat man deutlich unterschätzt. Der Server brach unter dem Ansturm zusammen, die erzürnte Fangemeinde musste über eine weitere Charge beruhigt werden. Salienz pur. Und sehr markentypisch.

---

80 Heimkommen: https://www.youtube.com/watch?v=V6-OkYhqoRo
Eatkarus: https://www.youtube.com/watch?v=To9COZq3KSo

VOLTAREN: MANN GEGEN HUND

Auch Over-the-counter-Produktwerbung (Apothekenprodukte) kann staunen lassen und die persönliche Effizienz gut herausstellen. Der Schmerzgelmarktführer Voltaren macht es schon länger vor. Film ab:

Ein zotteliger großer Hund in der Wohnung. Ein entschlossenes Männergesicht. Stimme: Der saudreckige Hund gegen den Mann mit den miserablen Rückenschmerzen. Der Mann zieht den unwilligen Hund unter dem Tisch hervor, versucht erst ihn mit gekrümmten Rücken Richtung Bad zu ziehen und hebt den schweren Hund dann einfach hoch und trägt ihn zur Badewanne. Stimme: Dreifachwirkung beschleunigt die Heilung. Slogan: Wieder Freude an Bewegung.

Nun ist Werbung mit Tieren ja häufig emotional ansprechend. Hier werden aber Menschen mit Rückenschmerzen zum Staunen gebracht. Wer mit Rückenschmerzen kämpft, beneidet was der Mann da leisten kann. Voltaren hilft mir mein Leben besser zu machen. Effizienz pur (so man denn die Leistungsstärke glauben mag).

BRUSTKREBS: CHECK IT BEFORE IT IS REMOVED

Facebook ist bekanntlich ein Nippelphobiker. Deshalb werden weibliche Brustwarzen so schnell wie möglich gelöscht. Männliche Nippel dagegen nur, wenn die Bilderkennungssoftware falsch liegt. DDB Berlin hat sich das als Analogie zur Kommunikation von Brustkrebsvorsorge herangezogen und eine digitale Kampagne auf Facebook geschaltet, in der Frauen in eindeutig unpornografischen Bildern eine Brust zeigen. Der Slogan: Check it before it's removed. Eine sehr eindringliche Kommunikation, die staunen lässt und durch die bekanntlich kurze Zeit bis zur Entfernung der Anzeige die Eindringlichkeit der Nachricht weiter verstärkt. Und natürlich ist diese geniale Idee mit sehr viel Earned-Media unterstützt worden, denn alle Medien haben genüsslich darüber berichtet, wie man Facebooks sexuelle Verklemmtheit karikieren und für die eigene Nachricht effizient nutzen kann.

LIDL PRODUKTQUALITÄT – EFFIZIENZ UND MODERATES STAUNEN

2015 überraschte Lidl mit einem klaren Schemabruch in der Discounter-Szene. Es erschienen Anzeigen, Plakate und Filme, die sich mit der Frage beschäftigten: Was ist eigentlich gute Qualität? Und nun wurde tatsächlich wertvolle Fläche und Zeit dafür eingesetzt den Kunden zu erklären, was gute Qualität zum Beispiel bei Brot, Kaffee oder Schokolade ausmacht. Markenhersteller waren weniger erfreut. Denn natürlich schloss der Discounter mit der Feststellung, dass diese gerade beschriebene, gute Qualität in den Lidl-Produkten steckt. Vermutlich kein allzu großer Magnet für Neukunden. Aber bestehende Kunden werden sich sehr bestätigt gesehen haben. „Da seht ihr es schwarz auf weiß, ich gehe bei der Qualität keinen Kompromiss ein, nur weil ich bei Lidl kaufe!“ Oder übersetzt in Selbstwertgefühl: Ich muss mich nicht schlecht fühlen, ich verzichte nicht. In der Folge scheinen sich die internen Managementauseinandersetzungen bei Lidl dann in einer hektischen Abfolge unterschiedlicher Kampagnen ausgewirkt zu haben, die eine Selbstähnlichkeit und Durchgängigkeit der Markenstory behindert haben. Zum Glück für Lidl hat sich Aldi während dieser Zeit auch nicht mit Ruhm bekleckert.

PACKUNGSSTAUNEN: NUTELLA ITALIEN VERKAUFT 7 MILLIONEN UNIQUE PACKUNGEN IN EINEM MONAT

In Marketingdeutsch sollten diese sieben Millionen Packungen die „Einzigartigkeit der Marke Nutella erlebbar machen“. So denken vielleicht Marketerhirne, aber so erleben unbedarfte Verbraucher das sicherlich nicht. Trotzdem eine starke Aktion. Ein Algorithmus wurde verwendet, um aus diversen Designbausteinen diese riesige Zahl an uniquen Labeldesigns zu drucken. Das ist nicht ganz neu, denn 2012 hat Absolut das schon gemacht und auch Coca Cola hat bereits in mehreren Ländern individualisierte Aktionen gefahren. Aber in der Menge ist das sicherlich neu – und es löst natürlich Staunen aus, wenn man das erste

Mal damit konfrontiert wird. Effizienz ist hier nur schwach enthalten, ist aber da, denn einerseits wird der Wunsch bedient, zur Gruppe zu gehören, andererseits ohne Aufwand eine gewisse Eigenständigkeit bedient. Zudem wissen wir, dass gerade Frauen die ästhetische Unruhe auf dem Frühstückstisch bedauern, die durch die Fülle von Markenprodukten in Originalverpackung ausgelöst wird. Ein leichter Effizienzvorteil.[81]

WIE SEBAPHARMA STAUNEN AUSLÖST

Die Hautpflegemarke Sebamed ist keine Marke mit hohen Werbebudgets. Deshalb ist es noch wichtiger, dass die Markenkommunikation richtig arbeitet. 2010 kam die Marke mit einer aufsehenerregenden bildlichen Umsetzung der sanften Pflegeleistung der Produkte auf den Markt. Eine Gestalt nimmt eine Frau sehr zärtlich in den Arm. Okay, so etwas haben Sie schon häufiger gesehen? Nicht ganz. Diese Gestalt ist ein Milchwesen. Eine Morphe aus Milch und Mensch, die die Frau einerseits zärtlich in die Arme schließt, andererseits aber auch Schutz gibt, denn die Gestalt ist deutlich größer als die Frau und diese lässt sich in die Umarmung fallen. Ein Bild, das ein leichtes Staunen auslöst und gleichzeitig den Nutzen der Marke, die besonders milde, aber gleichzeitig wirkungsvolle Pflege kommuniziert. Mild und gleichzeitig wirkungsvoll verspricht eine höhere Effizienz für die Nutzerin. Das Motiv (Protection) gewann 2011 den 18/1 Award in Köln.[82]

GRÜNER BIER IN FÜRTH

Grüner war eine sehr alte Biermarke in Fürth, einer Stadt, die mit Nürnberg in herzlicher gegenseitiger Abneigung verbunden ist, wie so viele Nachbarstädte in Deutschland. Grüner wurde nun ausgerechnet von der Nürnberger Tucherbrauerei wieder ins Leben

81 Der Aktionsfilm: https://www.youtube.com/watch?v=RY-nK4ChLEQ

82 https://www.viscomblog.de/best-new-181-party-grau-das-neue-schwarz-der-werber/?lang=en

gerufen. Tucher ist selbst in Nürnberg nicht besonders hoch angesehen, auch wenn sich das langsam zu wandeln scheint. Aber wenn eine Marke überzeugend auftritt und einen wichtigen Nutzen bespielt, dann ist der Herstellungsort wohl weniger wichtig. Grüner spielt mit der Farbe der Kleeblattstadt. Sowohl vom Namen als auch vom Look. Und dieses Design ist so genial reduziert, dass es schon beim ersten Mal durch seine Effizienz etwas Staunen auslösen kann. Es ist so ästhetisch einfach aufgebaut, dass man es sofort versteht und den Verzicht auf die übliche Bierheraldik genießt. Die Marke ist inzwischen in vielen Gaststätten und bei Veranstaltungen in Fürth die dominierende Marke. Ein schönes Beispiel, dass nicht nur Craft Bier mit starkem Markendesign Staunen auslösen kann.

PROGRAMMATIC ADVERTISING IST EINE HERAUSFORDERUNG

Darunter versteht man die automatische, auf den Nutzer zugeschnittene Ausspielung von Bannern und Angeboten. Und das soll noch Staunen auslösen können? Snickers hat das gelöst, indem die Erkenntnis „Du bist nicht Du, wenn Du hungrig bist“ auch im Programmatic-Teil der digitalen Werbung eingesetzt wurde und hier die Salienz elegant festigen konnte. Der Slogan eignet sich perfekt, um in verschiedenen Umfeldern angepasste Umsetzungen auszuliefern, in der divenhaftes Verhalten eines Promis mit einem Snickers wieder beruhigt wird. Stellen Sie sich in einem TV-Sportumfeld vor, dass John McEnroe seinen Tennisschläger zertrümmert und sich dank eines Snickers in den ausgeglichenen Rodger Federer wandelt.[83]

PACKUNG UND BRANDING: DAS GLÜCK GIBT ES JETZT IN GLÄSERN!

Der Marmeladenhersteller Göbber suchte einen Neustart im Bereich der hochwertigen Fruchtaufstriche, nachdem die

83 http://www.horizont.net/agenturen/kommentare/Big-Data-vs.-Kreation-Warum-Kreativitaet-von-Programmatic-Advertising-profitiert-156695

Absatzentwicklung unter dem Absender Göbber unbefriedigend verlaufen war. Das Management wusste aus Erfahrung, dass man mit klassischen Qualitätsargumenten kaum jemand in diesem Bereich hinter dem Ofen hervorbekommt. Die betreuende Agentur hatte diverse Konzepte entwickelt. Darunter auch einen echten Schemabruch. Alle wissen, dass ein leckeres, süßes Frühstück glücklich machen kann, besonders am Wochenende, wenn man mehr Zeit hat. Und dieses Glück kann man jetzt kaufen. Denn das ist neu: die Marke „Glück" der Privatmarmeladerie Friedrich Göbber. „Das Glück besteht aus vielen Früchten und ein bisschen Zucker. Sonst nichts". In mehreren marktforschungsbegleiteten Stufen wurde das Konzept immer besser herausgearbeitet. Und als dann auch noch die richtige, hochwertige Packungsform gefunden war, gab es eine überwältigend positive Resonanz der Verbraucher. Gerade Frauen gefiel neben der Selbstverwöhnung auch der Gedanke, dass man damit anderen ein kleines Glück bereiten kann. Die Listungsgespräche mit dem Handel verliefen erfolgreich. Im unübersichtlichen Markt der Marmeladen ein Schemabruch, der Staunen auslöst – und hohes Kaufinteresse. Ein effizienter Weg zu einem kleinen Glücksgefühl.

Der Slogan: Glück hat, wer Glück hat.[84]

VOLVO TRUCKS MIT VAN DAMME 2014

Über 86 Millionen Views auf Youtube – für einen B2B-Film! Das geht. Mit Staunen. Die Handlung:

Der Action Star Jean Claude van Damme steht zwischen zwei großen Volvo Trucks. Die Kamera zieht auf und wir sehen, er steht auf den Außenspiegeln während die Trucks gleichmäßig rückwärts (!) fahren. Dann schert ein Truck leicht aus und van Damme spreizt die Beine bis zum perfekten Spagat. Die Trucks fahren weiter rückwärts, wie auf Schienen.

84 https://www.mein-glueck.de/

Nein, keine Tricks. Alles echt, ohne Schnitte. Wer versucht, mit seinem PKW beim Rückwärtsfahren die Spur zentimetergenau zu halten, hat keine Chance. Wer das mit einem Anhänger wie im Film versucht, macht sich lächerlich. Ermöglicht wurde der unglaubliche Stunt durch das System Volvo Dynamic Steering. Fahrer und Zuschauer sind von dieser Effizienz beeindruckt. Staunen ist der Auslöser, 86 Millionen Views ein Teil der Ernte. Auch wenn ich ein klein wenig den Verdacht habe, dass beim normalen Publikum Van Damme besser als Volvo erinnert wird. Beim Fachpublikum hat Volvo klar gepunktet.

VOLKSWAGEN TRAILER ASSIST

Letztlich eine ähnliche Funktion wie beim Volvo Truck. Ein System, das das Rückwärtfahren mit Anhänger zum Kinderspiel werden lässt.

Wir sehen eine Pferdekoppel mit Pferden, die sich vor Lachen wegschmeißen. Echt. Sie beobachten einen bärtigen Mann, der mit einem SUV versucht den Hänger rückwärts in eine Bucht zu dirigieren. Dabei bekommt er den Hänger nie richtig ausgerichtet, wird zunehmend nervöser. Auch sein Pferd auf dem Hänger lacht sich scheckig. Der Mann gibt genervt auf. Dann kommt ein VW-Tiguan-Fahrer und parkt den Hänger in einer einzigen eleganten schwungvollen Rückwärtsfahrt ein. Die Pferde verstummen.

Der Effizienzvorteil ist extrem gut inszeniert. Man kommt aus dem Staunen nicht heraus. (Wer noch nie versucht hat, einen Hänger rückwärts zu bewegen, kann das nicht nachvollziehen). Und natürlich schwindelt die Werbung ein wenig. Ganz so einfach ist es auch mit Trailer Assist nicht, aber für Ungeübte eine Riesenerleichterung. Es bedarf keiner hellseherischen Fähigkeiten um vorherzusagen, dass zukünftige Generationen nicht mehr lernen müssen, den kontraintuitiven Prozess des Hängerausrichtens zu erlernen. Der Tiguan blieb übrigens selbst in der VW-Krise das mit riesigem Abstand bestverkaufte SUV Deutschlands. Nicht nur wegen Trailer Assist.

DER DURACELL HASE

Eine wirklich extrem langlebige, kreative Idee.

Mehrere batteriebetriebene Spielzeughasen hämmern auf ihre kleine Trommel vor dem Bauch. Einer nach dem anderen erstirbt. Nur ein Hase trommelt und trommelt. Der mit der Duracell-Batterie.

Diese Idee entstand meines Wissens 1983 in den USA. Immer mal wieder wurde versucht, eine ähnlich starke Nachfolgeidee zu finden. Und man musste sich immer wieder geschlagen geben. Letztlich griff man doch wieder auf den Hasen zurück, der dann seine Ausdauer auch mal als Sportler in verschiedenen Sportarten zeigen durfte. Der Effizienznutzen wird klar herausgestellt und „emotionalisiert". Trotz der bekannten Idee staunt man immer noch ein klein wenig.

SAMSUNG UKRAINE ADDWASH

Waschmaschinen-Werbung ist selten so richtig emotional. Hier ist es aber gelungen.

Ein blondes Mädchen isst Frühstück und füttert dabei zwei Teddybärchen mit echtem Müsli. Die Eltern entscheiden, dass beide jetzt gewaschen werden sollen und man steckt sie in die Samsung. Das Mädchen setzt sich vor die Maschine und schaut zu, wie sie sanft gewaschen werden. Irgendwann schläft es dabei ein. Der Vater huscht zur laufenden Maschine und öffnet eine in das Sichtfenster integrierte Klappe und fügt etwas dem Waschgang hinzu, ohne den Waschgang zu unterbrechen. Als die Maschine fertig ist, wacht das Mädchen auf. Man entnimmt die beiden Bären – und – einen Babybär. Große Freude!

Wir wollen mal hoffen, dass das Mädchen jetzt keine Fehlassoziationen bezüglich Fortpflanzung hat. Aber hier staunt nicht nur das Kind, sondern auch der emotional bewegte Zuschauer und bekommt die Effizienznachricht schön im Storytelling verpackt: Du kannst während eines laufenden Waschgangs ganz unkompliziert etwas hinzufügen, was du vergessen hast. Ein vielleicht kleiner Effizienznutzen, aber ein praktischer, der sofort verständlich ist.[85]

ALMASED: WENN SIE DIESES JAHR NOCH GROSSES VORHABEN

Der angeblich wichtigste Tag im Leben einer Frau. Die Hochzeit.

Im Film bekommt die Protagonistin einen Heiratsantrag. Danach sehen wir die Szenen vom Junggesellinnenabschied (Chippendales) und wie der Bräutigam eher Schwierigkeiten hat in seinen Anzug zu kommen, obwohl er schlank ist. Sie dagegen bekommt den Reißverschluss des körperbetonten Brautkleids ganz einfach zu. Die Hochzeitsszene ist perfekt. Auch die dicke Bulldogge ist wieder dabei.

Die Gestaltung des Films löst nur schwach Staunen aus. Aber die Effizienz von Almased wird durch geschickte Bildkontraste deutlich – auch ohne dass man die Verwendung sieht. Alles wirkt unangestrengt. Die Protagonistin hat wie immer eine stattliche Oberweite zu einem schlanken Körper und signalisiert damit implizit, dass es nicht um Hungern geht. Und die differenzierenden Markensignale sind wieder perfekt eingesetzt. Auf Youtube gibt es dazu viele Verwender, die begeistert berichten, wie gut das Produkt tatsächlich wirkt. Kein Wunder, dass Almased Marktführer geworden ist. In einer Kategorie, in der es vor Wettbewerb nur so flimmert.[86]

---

85 http://www.horizont.net/agenturen/auftritte-des-tages/Samsung-Warum-dieser-Waschmaschinen-Spot-aus-der-Ukraine-Millionen-Menschen-ruehrt-156888

86 https://www.youtube.com/watch?v=kmnpAZJLars

KÄRCHER HARTBODENREINIGER

Eine echte Innovation. Von der Marke, die eher für den gewerblichen Bereich bekannt ist, kommt Ende 2016 ein Staubsauger, der den trockenen und nassen Dreck der Böden über feuchte Walzen aufnimmt. Eine Innovation, die man sich sehr gut vorstellen kann, da bekannte Funktionalitäten vereint werden. Und der Effizienzvorteil ist sofort ableitbar. Wenn es funktioniert, spare ich mir einen Vorgang bei der Reinigung von Fußböden. Oder, wenn man einen erhöhten Reinlichkeitsdruck hat, bekommt man immer eine gründlichere Reinigung geliefert. Das neue Konzept löste so großes Interesse aus, dass die geplante Werbeunterstützung verschoben wurde, denn die Produktion konnte nicht schnell genug ausgeweitet werden. Die Reaktionen bei Amazon zeigen, dass dieses Konzept wirklich Staunen ausgelöst hat und großes Kaufinteresse herrscht. Die Erfahrungen der Nutzer sind allerdings recht unterschiedlich. Wer das Konzept eher als verbesserten Wischmopp erlebt, der auch ein bisschen saugen kann, scheint sehr zufrieden zu sein. Wer eher einen Sauger sieht, der auch etwas wischen kann, ist eher unzufrieden. Wir können davon ausgehen, dass Kärcher über Nachfolger das Konzept zum Durchbruch bringen wird.[87]

NEGATIVBEISPIEL: AXE – FIND YOUR MAGIC

Axe war mit nun inzwischen dreißig Jahren in der Körperpflege eine Sensation. Ein klarer Schemabruch im Markt der Deodorants. Ein neues Bodyspraykonzept, bei dem die Attraktivitätswirkung der Düfte im Vordergrund steht. Gestartet mit dem Slogan „Der Duft, der Frauen provoziert“. Die Werbung versprach eine unschlagbare Wirkung beim weiblichen Geschlecht. Die Packungsdesigns brachen mit dem Standard der Familiendeos. Junge Männer waren die Hauptkäufer. Kein Wunder, ist

87 https://www.youtube.com/watch?v=54NDafwghg8

das doch die Entwicklungsphase, in der ein noch brüchiges Selbstwertgefühl auf das hochbegehrte und gleichzeitig verunsichernde andere Geschlecht trifft. Da kann Mann wirklich jede Hilfe brauchen. Ein kurzer Sprühstoß und du bist unwiderstehlich. Effizienz pur. Mit dem starken Versprechen wurde die Marke zur weltweit führenden Herrenpflegemarke. Da kann man wieder sehen, wie ähnlich männliche Entwicklungsphasen laufen, fast egal in welchem Kulturkreis. Die Markenführung akzeptierte die relativ junge Kernzielgruppe und wurde in der Folge immer mutiger, was die Wirkbeispiele anging. Dann verabschiedete man sich vom zu direkten Slogan und wechselte zu „The Axe Effekt", der so aussah:

In einer italienischen Stadt fallen plötzlich Engel vom Himmel. Man stelle sich Victoria's Secret Models mit großen Engelsflügeln vor. Es passiert überall in der Stadt. Die Engel schlagen hart auf, berappeln sich und paradieren mit Laufstegbewegungen auf einen Marktplatz zu. Dort schließt ein junger Mann gerade seine Vespa ab. Der Duft sagt den Engeln, dass sie hier richtig sind. Der Junge hat morgens Axe verwendet. Ein Engel nach dem anderen wirft seinen Heiligenschein auf die Erde und verwandelt sich in eine sterbliche Schönheit.

Staunen und Effizienz pur. Selbst wenn ich das Skript jetzt zum x-ten Male gelesen habe, wundere ich mich immer noch ein klein wenig über das Verhalten der bildhübschen Engel. Aber heute scheint man das als nicht mehr passend zur GenYZ zu empfinden und wandelt das Rezept drastisch.

„Find Your Magic" zeigt einen Vignettenfilm bei dem man Männer sieht, die nicht unbedingt klasse aussehen, aber dafür etwas Besonderes drauf haben. Eine zu große Nase, aber damit den Riecher für Style, oder ein Schwarzer, der auf dem Laufband verrückte Bewegungen macht, oder ein Tänzer, der auf High Heels tanzt. Am Schluß der Appell „mach was draus" mit der Axe Pflegeserie.

Mal abgesehen von dem Problem, dass Vignettenfilme verdammt schwache Storyteller sind und eine klare Markenverortung massiv behindern. Die Psychologie junger Männer, die früher so perfekt (effizient) bedient worden ist, wird hier viel komplizierter angesprochen. Mit einem vordergründigen Verständnis und der Motivation seine(n) eigene(n) Style/Magie zu finden, dann mögen dich auch die Mädels. Das ist natürlich nicht falsch im Sinne eines guten Coachings. Aber es ist so viel weniger effizient als vorher. Versteht das der durchschnittliche pickelige Axe-Käufer wirklich als berührende Hilfestellung oder lässt er das von sich abperlen? Ganz im Stil von GenZY: „Wieder einer der Ansprüche an mich stellt, da gibt es schon zu viele".[88]

NEGATIVBEISPIEL: VOLKSWAGEN-TOURAN-SPRACHBEDIENUNG

Hier wird Staunen ohne Effizienz inszeniert. Und nein, ich bin jetzt nicht kleinlich. Schauen wir uns das mal an:

Ein Mann sitzt gefesselt auf der Rückbank eines VW Touran. Er kämpft sich nach vorne, um den Knopf der Sprachsteuerung mit der Nase am Lenkrad zu bedienen: „Ruf an zuhause". Da öffnet sich die Fahrertür und drei kleine Indianerjungens schalten die Sprachsteuerung wieder aus. Schnitt zum Abendessen der Mutter mit den drei Sprösslingen. Auf ihre Frage, wo der Vater sei, zucken die Kids mit den Schultern. Schnitt auf den Touran, in dem der Vater schreiend versucht, sich von den Fesseln zu befreien. Licht und Scheibenwischer sind angestellt. Kein Slogan.

Definitiv ein unterhaltsamer Film, der einen auch ein wenig staunen lässt. Leider hat man dem Storytelling den Effizienzvorteil der Sprachsteuerung untergeordnet. Die sollte aber eigentlich beworben werden. Das Gedächtnis „leidet" mit dem Vater mit.

88 https://www.youtube.com/watch?v=IHVDbYdyROU

Opel verfolgt ja eine ähnliche Strategie, aber stellt dabei sicher, dass der Vorteil von Technologie auch deutlich wird.[89]

NEGATIVBEISPIEL: PAULANER VERLÄSST DEN BIERGARTEN

Mit einer Reihe von Spots versucht der Brauer die Kunden von seinem guten Herstellungsprozess zu überzeugen. Eine gefährliche Aktion, denn es werden die differenzierenden Markensignale vernachlässigt. Und Verbraucher interessieren sich für Herstellungsprozesse nur in Gruppendiskussionen. Garantiert!

Ein Hopfenbauer in der Hallertau und ein Braumeister von Paulaner prüfen den frischen Hopfen in der Plantage. Danach einige opulente Szenen aus dem Herstellungsprozess und dann werden Probeschlucke am Kessel genommen. Erst am Ende sieht man einen kurzen Trinkgenuss aus dem Biergarten. Es kommt der Spruch „Von unseren Braumeistern bereits auf dem Hopfenfeld geprüft. Gut, besser, Paulaner".

Ja, wenn man mit Verbrauchern arbeitet, kommt immer mal wieder der Wunsch, der Hersteller solle doch etwas über die Herstellung erzählen. Glauben Sie das lieber nicht. Dieser Wunsch existiert im normalen Leben nicht! (Noch einmal ein Verweis auf das Buch „The Knowledge Illusion"). Erst wenn Karina in einer Gruppendiskussion über Qualität merkt, wie wenig sie tatsächlich über die Herstellung weiß, kommt dieser Wunsch hoch. Dann wird nämlich unser Wissensdefizit deutlich und das ist peinlich. Aber Karina dreht dann sofort den Spieß um und kritisiert das Versagen des Herstellers seinen Prozess besser zu kommunizieren. Aber dieser Wunsch besteht nie am Regal. Und beim Paulaner-Spot kommt weder Staunen auf noch gibt es irgendeine Effizienz, die sich nutzbringend erweisen könnte. Und dafür wurden die gelernten Biergartenbilder aufgegeben. Nicht gut. Und

89 http://www.horizont.net/marketing/nachrichten/Koestlicher-Volkswagen-Spot-Wenn-man-im-Touran-mal-keine-Hand-frei-hat-157034?

im Juli 2017 folgt nun auch Bitburger mit einem an Langeweile und gesehenen Bildern kaum zu übertreffenden Abperler-Spot. Ich spare mir hier eine Kritik. Es gibt ja noch mehr im Leben als Bierwerbung.[90]

ENTERPRISE-AUTOVERMIETUNG MIT SCHEMABRUCH – ABER OHNE EFFIZIENZ

Der neue Auftritt steht unter dem Motto „Gutes Gefühl inklusive“ und soll den Kundenservice von Enterprise in den Vordergrund stellen. Der Film:

Der alte Van einer Hardrock-Band ist defekt, ein Ersatzfahrzeug muss schnell her. Allerdings darf der Wagen auf keinen Fall weiß sein. Da sind sich die drei abgerockten Musiker einig. Die Enterprise-Mitarbeiterin kümmert sich darum, fährt mit dem Wagen durch eine riesige Schlammpfütze und liefert den zufriedenen Kunden ein total dreckiges Auto. Während der Handlung läuft der Leo-Sayer-Schmonzette „When I need you“ im Hintergrund. Zu dem die Rocker tatsächlich unbewusst das Schunkeln anfangen.

Für mich wieder ein schönes Beispiel für unsere Diskussion. Wir haben einen gut gemachten Werbefilm vor uns. Der mit Storytelling und Schemabruch wichtige Voraussetzungen für ansprechende Werbung beinhaltet. Und mich trotzdem nicht überzeugt. Das Servicebeispiel erreicht mich nicht, gibt mir keinen Nutzen, der mich effizienter werden lässt. Den gewünschten Transfer vom Dreckig-Service zu etwas für mich relevanten, unterlässt mein strapaziertes Hirn ganz einfach, es summt noch etwas „When I need you“ und geht seinem Tagesgeschäft nach. Ein schlimmer Ohrwurm, wirklich.[91]

---

90 https://www.youtube.com/watch?v=a-IrMditJnU

91 https://www.youtube.com/watch?v=jtpnHxRJUTY

NEGATIVBEISPIEL: MARTIN SCHULZ – ABSTURZ NACH HÖHENFLUG

Unser Gehirn arbeitet ja immer nach ähnlichen Prinzipien, insofern verwundert es nicht, dass auch bei politischen Themen die Salienz und das Staunen eine Rolle spielt.

Als Sigmar Gabriel vor die Kameras trat und seinen Rückzug als SPD-Vorsitzender und Kanzlerkandidat verkündete – und im gleichen Atemzug den Nachfolger präsentierte, staunte die Nation. Alle. Damit hatte nun wirklich keiner gerechnet. Es war nicht nur überraschend, es war ein großer Schemabruch politischen Handelns. So kurz vor der Bundestagswahl. Und jetzt konnte man typischen Mustern von Kommunikation bei der Arbeit zusehen.

Es gab natürlich einen Orkan im Blätterwald. Alle Medien überschlugen sich mit Berichten über diesen Vorgang und den Neuen, den Martin Schulz, so etwas wie ein kleiner Heiland für SPD und Bundesbürger. Höchste Salienzlevel wurden generiert. Schulz war bei informierten Menschen eine Zeit lang top of mind. Jetzt gingen plötzlich die Umfragewerte für die lahmende SPD durchs Dach. Und nicht etwa, weil es konkrete rationale Gründe gegeben hätte. Nein, zu diesem Zeitpunkt waren es der Mere-Exposure-Effekt (Vertrautheit schafft Vertrauen) und der Recency-Effekt (das Gehirn merkt sich die aktuellsten Vorgänge leichter), die zu hoher positiver Salienz führten und die intuitive Zustimmung zu Schulz (und SPD) emporhoben. Die Berichterstattung über dieses Phänomen wiederum hielt die Flamme unter dem Kessel am Brennen. Eine Zeit lang zumindest. Nur die Mutter der Nation, Angela Merkel, behielt ihre scheinbar unerschütterliche Ruhe und kommentierte: nichts.

Der Strom von News nahm ab und folgerichtig widmete sich die Medienlandschaft wieder anderen aktuellen Themen und die Salienz von Martin Schulz nahm wieder ab. Die SPD hatte versäumt den Menschen nun zu erklären, was Herr Schulz für sie spannendes tun würde. Es folgten vor allem Allgemeinplätze zu sozialer Gerechtigkeit. Aussagen, die man schon so oft gehört hatte, dass sie Bedeutungshülsen waren, aber keine Nachricht, wie das Leben unter einer SPD Regierung effizienter werden könnte. Keinerlei Staunen mehr, was schwerer wog, da man ja gerade so gestaunt hatte. Und jetzt diese unerklärliche Langeweile. Die schrumpfenden Nachfragewerte erzeugten noch einmal Salienz. Die Art von Salienz, die kein Politiker und keine Marke möchte. Die Weisheit der Masse (der Herdentrieb) sagt, dass es doch nicht alles so dolle ist mit dem Heilsbringer Schulz, also verhalte ich mich vermutlich richtiger, wenn ich auch skeptischer werde. Und so hat unser Gehirn, ohne tatsächliches substanzielles Denken, allein auf Basis von standardisierten Verarbeitungsprozessen, erst in Schulz etwas ganz besonderes erkannt, und dann später, dass man nicht bei allem dabei sein muss und sich wieder anderen aktuellen Dingen zugewandt. Kein Staunen, keine Effizienz. Schade eigentlich, etwas mehr Wettbewerb um uns Wähler wäre doch wirklich zu wünschen gewesen.

NEGATIVBEISPIEL: BONPRIX VERSUCHT DEN UPGRADE

Bonprix ist gestartet als Resterampe des Ottoversandes. Angereichert mit eigenen billigen Bekleidungsstücken. Wie der Titel schon sagt. Nun gibt es plötzlich auch emotionalisierende Werbung mit viel Symbolik.

Der Film eröffnet mit Blick auf eine Raubkatze. Die räkelt sich plötzlich auf dem Ehebett und verstört den Ehemann. Dann morpht die Katze in die lasziv schauende Frau in schicker Unterwäsche. Schnitt in ein Restaurant in dem plötzlich eine riesige Flamme im Raum lodert. Die Flamme morpht in die Frau im roten Dress, die uns mit Supermodel Hüftschwung entgegen stöckelt. Schnitt vor einen Fahrstuhl, die Tür öffnet sich, ein weißes Einhorn tritt heraus und morpht in unsere sommerlich gekleidete Frau. Super: Fühl Dein Wow! Slogan: „it's me". Darunter liegt die Musik von Roxette: „The look".

Ein Schemabruch für die Marke – sicherlich. Aber keiner in der Modewelt. Staunen? Eher nicht, auch wenn sich das Unternehmen mit „fühl Dein Wow“ etwas in der Richtung wünscht. Ob die typische bonprix-Zielgruppe statt nach günstiger Bekleidung nun auf der Suche nach ihrem persönlichen Wow ist und damit aus der Masse herausstechen will, darf mal ganz schlank bezweifelt werden. Der Slogan macht die Sache auch nicht leichter. Was soll „it's me“ für die Käuferinnen bedeuten? Wieder eine schön gemachte Werbung, der ein Nutzen fehlt, der zum Innehalten motivieren würde. Warum soll sich die potenzielle Kundin damit auseinandersetzen? Es würde hohen kognitiven Aufwand bedeuten und wofür das? Next.[92]

NEGATIVBEISPIEL: BIRKENSTOCK NICHT NUR FÜR DIE FÜSSE, ENDLICH AUCH FÜRS GESICHT!?

Es gibt eigentlich keinen Mangel an Gesichtspflegeprodukten. Aber der bekannte, fast kultige Hersteller von Gesundheitssandalen mit Fashioneignung sieht als natürliche Markendiversifikation den Weg in die Naturkosmetik. Da staunen Frau und Mann aber. Nur reicht das? Die Produkte kommen im Herbst 2017 in den Handel, also wenn dieses Buch bereits in der Druckvorstufe sein wird. Deshalb lehne ich mich hier, sehr gerne, aus dem Fenster.

Frauen sind bei Gesichtspflege sehr eigen. Es gab in der Kosmetik einige Marken, die vor allem für den Körper gedacht waren, die im Schwerpunkt Bodylotion anboten. Fast alle wollen irgendwann auch in die höhermargige Gesichtspflege kommen. Aber das ist gar nicht so leicht, wie Dove, Nivea, Vaseline und Co. erleben durften. Das dauert oft Jahrzehnte bis das Vorurteil „für den Körper“ überprägt worden ist, manchmal gelingt es gar nicht. Birkenstock möchte nun von den Füßen ins Gesicht.

92 https://www.youtube.com/watch?v=iX3FyOnYQu8

Bei diesen diametralen Körperteilen trennen wohl die meisten Frauen die Handtücher. Warum soll ich von einer Schuhmarke ein Gesichtspflegeprodukt kaufen, wenn es so viele etablierte Naturkosmetikmarken im Supermarkt, Drogeriemarkt, Apotheke, Parfümerie und Naturkostläden gibt? Da kommt die Antwort des Produktmanagements: Weil kein anderer Auszüge aus der Korkeichenrinde einsetzt. Oha! Kork hat wohl viele Assoziationen, aber sicherlich keine, die intuitiv mit Pflege verbunden werden. Da braucht es also heftig Kommunikation, um das Konzept überhaupt in die Köpfe zu bekommen. Und da reicht es nicht, dass die Packungen teils einen Korksockel haben. Zwar ein schönes Markensignal, aber kein Kaufgrund. Da wird Birkenstock ziemlich in Kommunikation investieren müssen, um einen relevanten reason to believe zu transportieren. Vielleicht so: „Mit Korkauszügen gepflegte Gesichtshaut widersteht besser den harschen Umwelteinflüssen“? (Seit einigen Jahren ist die Pflegemarke „Oliven“ der Renner in der Apotheke. Olivenöl als reason to believe ist sofort plausibel. Und der günstige Preis hat auch geholfen). Sollte nicht irgendein großer Zufall eine riesige Word-of-mouth Welle lostreten, sehe ich sehr schwarz für diese Markendehnung, die zwar erstaunt, aber nichts relevantes liefert. Sie finden die Idee nicht so schlecht? Dann machen Sie bitte den ultimativen Test und schenken Sie so ein Set Ihrer Partnerin oder besten Freundin. Ich freue mich auf jede Rückmeldung.

PIZZA DR. OETKER DOLCE AL CIOCCOLATO – STAUNEN JA, ABER EFFIZIENZ?

Im März 2017 bringt Oetker die erste Schoko-Pizza auf den deutschen Markt und das Netz überschlägt sich. Es hat alle Bestandteile des Innovativen. Es setzt bestehende Bausteine neuartig zusammen. Man staunt. Auch darüber, dass zuvor noch keiner darauf gekommen war. Food Blogger stürzen sich auf das neue Produkt und werden zu Influencern, mit bis zu einer halben Million Aufrufen. Mit in der Regel erstaunlich positiven

Kommentaren. Knuspriger Teig mit warmer Schokolade ist ein gutes Erlebnis. Ich bin noch ein wenig skeptisch, was passiert, wenn der Neuigkeitsfaktor weg ist. Denn der Verwendungskontext entscheidet darüber, ob das Produkt die Effizienz der Nutzer verbessert. Solange es nur um die Überraschung von Freunden geht, auf jeden Fall. Auf einfache und elegante Art Gäste zum Staunen bringen, ist auf jeden Fall effizient. Aber davon kann die Marke auf Dauer nicht leben. Wer einen (Fertig-)Kuchen backen will, wird vermutlich nicht an Schokopizza als Alternative denken. Wenn die Schokopizza nur als passender Nachtisch zu echter Pizza verknüpft wird, dürfte es auch schwierig werden. Einerseits ein guter Link, andererseits ist Pizza ein sehr füllendes Essen, das nicht wirklich nach einer zusätzlichen Kalorienbombe schreit. Zumindest bei normalem Body-Mass-Index.

Die TV-Werbung ist jetzt überraschend trivial. Die Werbung beginnt mit dem Versprechen auf ein besonderes Schokoladenerlebnis und löst das mit der überraschenden Pizza auf. Wirkt für mich geradezu zurückhaltend langweilig. Aber es folgt natürlich einer alten Werberregel, dass ein Produkt erst am Ende aufgelöst wird. Meist ein Fehler, wie Werbetrackings zeigen. An der Stelle wären Hinweise zu idealen Verwendungssituationen viel sinnvoller gewesen. Denn dass die Schokolade nun so besonders toll sein soll, wer glaubt denn so etwas?

NEGATIVBEISPIEL: DAS LEBEN PASSIERT, WIR VERSICHERN ES. DIE PROVINZIAL

Nein, ich mache hier kein Versicherungsbashing. Aber da gerade einige Finanzdienstleister mit scheinbar emotionalisierender Werbung auftreten, kommt noch ein weiteres Beispiel.

Wir sehen einen Mann mit neongrün leuchtenden Flügeln. Er erzählt uns, dass das Leben passiert, zum Beispiel in der Wohnung ein Riesenkratzer im Parkett ist, irgendwas passiert immer, ob auf Partys, im Urlaub oder auch im Auto, dabei läuft er durch eine nächtliche Straße. „Schlimm? Nein, nicht wenn man jemanden hat, der sofort hilft." Da sitzt der Mann tagsüber in einem Sachbearbeiter-Büro – aber jemand anderes wird gerade bedient. Schon wieder Schnitt und der Mann läuft wieder über die nächtliche Straße. Abbinder: Das Leben passiert, wir versichern es. Provinzial, immer da, immer nah.

Staunen? Nicht erkennbar, dafür sind das alles gesehene Bilder. Zudem passiert so viel in kurzer Zeit, dass man gar nicht hinterherkommt. Erschwert wird das, weil eine Text-Bildschere (wenn die Bilder eine andere Sache zeigen als die gesprochenen Worte, damit wird unser Gehirn überfordert) die nächste jagt. Macht mich die Provinzial irgendwie effizienter, lässt sie mich unverwundbarer fühlen als vorher? Es sind nur die typischen Versicherungsnachrichten: „Wir helfen. Bestimmt." Allein das Markenerleben im Versicherungsbereich dürfte eine solche Nachricht schlicht verpuffen lassen. Nichts ist wirklicher als die Wirklichkeit. Die Rettungsengelflügel sind auch nix neues. Auch nicht in grün.

NEGATIVBEISPIEL: BECKS‘ NEUER AUFTRITT, OHNE DAS SEGELSCHIFF ALEXANDER VON HUMBOLDT

Die trauen sich was. Bringen einen neuen Spot von einer neuen Agentur und das berühmte Segelschiff, das klarste Markensignal neben der Flasche, tritt in den Hintergrund, hat gerade mal noch einen Cameo-Auftritt, in einem Vignetten-Film.

Die Marke war im Bierbereich für junge Erwachsene mit das effizienteste Getränk, um sich als cooler Szenetyp fühlen zu können. Ohne Angst etwas falsch zu machen. Und so hat die geniale Einführung von Becks Gold tatsächlich das Ganze noch einmal verstärkt, da damals auch die Geschmacksbarriere zu hoher Bitterkeit abgebaut wurde. (GenYZ sind nicht mehr auf bittere Geschmacksstoffe trainiert). In der Folge hatte leider der Verkaufsdruck der Inbev-Mutter zu absurd schnellen Abfolgen von Line Extendern geführt, die die Zielgruppe gar nicht schnell genug lernen konnte. Markenflimmern in der Gastronomie. Und nun auch in der Werbung:

Ein Film, schnell geschnitten, Szenen: Auf einem Dach Sonnenuntergang, Rockkonzert Bühne, tanzende Mädels (auf dem Konzert?) Plattenspieler (wo?), Purzelbäume am Strand, Jet-Ski auf dem Meer, Nachtszene trinken, Tagszene trinken (Und jetzt sind gerade mal 10 Sekunden vorbei!). Das Segelschiff (0,5 Sekunden). Am Ende die Einblendung: „Geh voran, zeig der Welt was in ihr steckt". Dann der Slogan: „Erst mit dir wird es legendär". Darunter liegt eine treibende Musik, mit Refrain „gonna be a legend".

Man hat selbstverständlich keine Zeit, den Text zu lesen, was bleibt, ist ein hektisches modernes Gefühl. Aber Storytelling ist es nicht, es sind letztlich generische Bilder schnell aufgefädelt. Keinerlei Staunen. Mal angenommen, der Zuschauer hätte die Nachricht verstehen können (unmöglich!), dann würde der sich fragen, wenn ICH die Handlung legendär mache, wofür brauche ich dann noch die Marke? Bye, bye my legend...

NOCH NEGATIV, ABER WIE LANGE? AMAZON FRESH – NOCH FEHLT DIE EFFIZIENZ

Lebensmittellieferdienste gibt es inzwischen eine ganze Reihe. Platzhirsch ist aktuell Rewe. Nun startete auch Amazon Fresh in Berlin und alle sind gespannt. Sicherlich staunen wir, wenn wir die inzwischen häufiger vorkommenden Lieferfahrzeuge im Verkehr wahrnehmen, wo früher nur ab und an mal ein Bofrost-Fahrzeug unterwegs war. Es gibt ohne Ende Kommentare und Meinungen zu den Erfolgstreibern der Lieferdienste. Da wäre zum Beispiel die Frische und Unversehrtheit von Obst und Gemüse. Die Preise versus Discounter, die Lieferkosten. Letzteres halte ich potenziell für den zentralen Amazon-Wettbewerbsvorteil, den beinahe uneinholbaren Kostenvorteil, wenn es auf Dauer gelingt, die Auslieferung an die restliche Amazon-Logistik anzudocken. Das ist in der Testphase nicht der Fall.

Der wichtigste Punkt wird aber sein, ob es gelingen wird, das Effizienzerleben mindestens auf das Niveau des stationären Einkaufs zu bringen. Und auch hier meine ich nicht nur den schnöden Zeitaufwand, sondern auch die Auswahl so zu gestalten, dass ich weder überfordert werde, noch auf genussvolle Anregung verzichten muss. Die Nutzer-Effizienz wird über die Marktgröße von Lieferdiensten entscheiden, allerdings dürfte sie kein dauerhafter Wettbewerbsvorteil sein, da die Nutzer-Erfahrung von den guten Wettbewerbern sehr schnell kopiert werden kann.

Im Augenblick habe ich deshalb den Amazon Fresh- und Rewe-Lieferservice auf negativ gestuft, denn die Effizienz fehlt für viele Kunden und die Profitabilität für die Anbieter. Aber das wird sich jedes Jahr verbessern und Amazon hat bekanntlich einen langen Atem, wenn die Richtung stimmt.

NEGATIVBEISPIEL: GOLDEN TOAST – VOLL VERPEILT!

„Wir wollen die Marke mit Sympathie aufladen und gleichzeitig den Vertrieb ankurbeln, dazu müssen wir mit unserer Kommunikation herausstechen“, sagt die Senior Brand Managerin beim Brot- und Backwarenhersteller Lieken. „Herausstechen“ ist ja genau, was wir mit Staunen auch erreichen wollen. Ist es gelungen?

Drei junge Männer spielen konzentriert ein Konsolenspiel. Einen der jungen Männer drückt etwas und er fischt einen Hundekuchen aus der Tasche. Er wirft ihn von sich, aber kein Hund erscheint. Sprecher: „Oh shit, du hast den Hund deiner Freundin in der U-Bahn vergessen. Du hattest versprochen eine große Runde mit ihm zu gehen, bis du von deinen Freunden zum Zocken eingeladen wurdest. Jetzt dreht er eine ganz große Runde.“ Der junge Mann schwankt zwischen Panik und debiler Hoffnung. „Ein klarer Fall für das ‚das biegst du wieder gerade Sandwich‘.“ Dieses üppig belegte Sandwich erscheint aus dem Nichts, der Mann grient voller Freude. Dann wird auf kreative Rezeptideen mit Roastbeef/Ei mit dem Golden Toast hingewiesen.

Ja, das ragt aus der Masse heraus. Aber tut es irgendetwas Positives? Es gibt noch drei weitere Filme, immer gibt es erst eine Mischung aus Fremdschämen und scheinbar existenziellen Problemen, dann taucht ein kunstvoll komponierter Toast als Beruhigung auf. Positives Staunen ist dieser Schemabruch nicht und die Toasts scheinen auch kein effizienter Weg zu schnellem Genuss zu sein, denn die Komposition sieht jedes Mal eher nach Sterneküche, als nach einem leckeren Toastquicki aus. Für manche vielleicht unterhaltsam, aber für die meisten ohne Relevanz.[93]

93 https://www.youtube.com/watch?v=tKp94PaZAsc

11. BRINGEN WIR ALLES ZUSAMMEN

Marketing im Information Overload ist sehr viel schwieriger geworden und es wird noch schwieriger werden. Denn die möglichen Optionen für Produkte, Informationssuche, Unterhaltung und Freizeit steigen ins Unermessliche. Menschen werden sich zu helfen wissen, indem sie den Optionen erheblich weniger Aufmerksamkeit widmen werden. Sich schneller und routinierter entscheiden, denn meistens reicht eine verlässliche Qualität, die Suche nach bester Qualität ist zu aufwändig und die teureren Leistungen fressen zu viel vom verfügbaren Budget.

Manche Berater und Geschäftsführer argumentieren, dass gerade in dieser Zeit Marken eine wertvolle Leuchtturmfunktion bekommen und Verbraucher händeringend nach Orientierung suchen. Ich bin da sehr skeptisch, erkenne weniger Hilflosigkeit, viel mehr Gleichgültigkeit gegenüber den Anstrengungen der Marken. Schöne Werbung ohne Relevanz wird uns nicht mehr erreichen. Falls sie es jemals wirklich getan hat. Emotionalisierte Werbung ohne wirkliche Relevanz auch nicht mehr, auch wenn ich immer noch viele Produktmanager in ihrer Hoffnung erlebe, sich damit vom Wettbewerb absetzen zu können. Aber wir werden diese feinen Unterschiede nicht mehr lernen können, die Kontakte mit der Werbung sind viel zu selten, um ein Bild zu erzeugen. Heute schon sagen die Verbraucher, dass es ihnen egal wäre, wenn siebzig Prozent ihrer Marken verschwinden würde. Die Handelsmarke ist doch gut genug.

Dann gibt es noch interessante Ansätze, die die Haltung der Firmen in den Mittelpunkt stellen wollen und dann diese Haltung in archetypischer Weise nach Außen transportieren. Dieser Gedanke geht darauf zurück, dass wenn alle Produkte letztlich austauschbar sind, die Art und Weise, wie der Hersteller mit der Zielgruppe redet einen Unterschied macht. Die Idee geht auf den Golden Circle von Simon Sinek zurück und wird inzwischen breit akzeptiert. Wenn das zu einer deutlich unterscheidbaren Kommunikation führt, ist das ein Weg die Anforderungen von Sharp nach Unterscheidbarkeit von Marken zu gewährleisten. Ich halte diesen Weg auch für interessant – und eine stark inszenierte Haltung kann sicherlich auch Staunen auslösen. Aber wie viel mehr Aufmerksamkeit bekommt etwas, das zusätzlich meine Effizienz ein wenig steigert!

Und dann gibt es noch die GenZ-Herausforderung. Diese Generation hat noch viel größere Lernherausforderungen als die älteren Generationen, die zumindest noch in Stufen lernen konnten (von der Schallplatte zum Kassettenrekorder, zum Walkman, zum CD-Spieler, zum MP3 Player, zum Streaming…), auf die GenZ stürzt alles auf einmal ein. Sie müssten nicht nur die ganzen FMCG-Marken lernen, sondern gleichzeitig noch all die Angebote des Webs. Sie müssen nicht nur die Unterschiede von ein paar TV-Sendern mit starrem Programm lernen, sondern müssen sich in einem Dschungel von Streamingdiensten, Bloggern, Youtube, Serien, Movies, Spartenkanälen und weiteren orientieren. Das ist unmöglich und wir sehen, dass die Digital Natives sich die Welt noch einfacher machen müssen, als die Älteren mit ihrem breiteren Wissen. Die sogenannten Influencer machen das Leben leichter, in dem sie der GenZ Tipps geben, Vorbild sind. Halt geben. Die Entscheidungseffizienz steigern.

Datenschutz? Interessiert nicht. Viel zu komplex. Wird ignoriert oder maximal an die Politik und den Anbieter delegiert. Was scheinbar nach einer Generation mit ganz neuen Einstellungen aussieht, ist reines und sinnvolles Coping-Verhalten (Bewältigungsstrategie) im Information Overload. Wer da sicher durchdringen will, muss etwas anzubieten haben, das die Effizienz spürbar erhöht und zumindest ein wenig Staunen auslöst. Effizienz mit Staunen, quasi die kleine blaue Pille für wirklich wirksame Kommunikation.

Wer jetzt denkt, dass das mit der eigenen Marke überhaupt nicht möglich ist, sollte Angst bekommen. Angst vor der Zukunft einer Marke, die für ihre Zielgruppe keine relevante Leistung mehr bringen kann. Natürlich darf man die Regeln aus dem Kapitel 3 anwenden und erst einmal auf hohe Wiedererkennbarkeit und regelmäßige hohe Reichweite setzen, um Salienz zu erzeugen. Salienz geht immer. Nur werden die notwendigen Budgets dafür immer weniger vorhanden sein, wenn die Nachricht immer weniger Aufmerksamkeit erfährt und damit die Salienz nicht mehr aufrechterhalten werden kann. Das Marketingleben ist eben kein Ponyhof. Ziehen Sie sich rechtzeitig zurück, schauen Sie genau in das Leben Ihrer Zielgruppe. Wo sind die Probleme Ihrer Kunden, wo sind sie im Prozess genervt, wie kann man ihnen das Leben etwas leichter machen und ihre Selbstwirksamkeit erhöhen? Welche neuen Lösungen fallen Ihnen ein? Ziehen Sie dafür die notwendigen Experten heran. Heute kann keiner mehr alles alleine machen, das Leben ist viel zu komplex geworden. Und, falls Sie Lust haben, rufen Sie mich an. Ich helfe gerne.